I

POSTULAT DE LA SOLIDARITÉ

DANS *L'Express* du 3 au 10 janvier 1972 paraissait, sous la signature de Roger-Gérard Schwartzenberg, un article racoleur, nécessaire et infidèle — bien que cela peut-être comme il y eut de « belles infidèles » — intitulé « Jean-Jacques superstar ».

Racoleur en raison de son style, résolument plus publicitaire (on sait que les mêmes techniques servent à lancer une poudre-à-laver-miracle ou une personnalité-vedette) qu'universitaire (parution en magazine non-spécialisé et de grande diffusion oblige, peut-être — et, comme il s'agit de « promouvoir » Rousseau, qui veut la fin veut les moyens et *classique* ou *universitaire* ne sont plus alors des qualités de saison) — « *Et revoilà Jean-Jacques. Qui surgit de l'underground. Qui déboule parmi l'acier, le plastique et le béton. Poussé par tous les marginaux d'Amérique et d'ailleurs. Promu superstar de la "défonce", vedette de la protestation. Et septième pilier de la nouvelle sagesse. Après Marcuse, Bob Dylan, Fourier, John Lennon, McLuhan et Herman Hesse.* »

Mais aussi *nécessaire* parce qu'il dit cette chose fondamentale que Rousseau est vivant, et important, pour nous, que si sa pensée nous est étonnamment contemporaine, c'est parce qu'elle était déjà en son temps moderne, c'est-à-dire en avant (et par conséquent moquée des « progressistes » d'alors), que ses refus en leur radicalisme étaient déjà ce qu'ont commencé à être les nôtres, qu'en commençant à secouer l'assoupissement où nous plongeait l'optimisme technologique nous découvrons que Rousseau était, lui, depuis longtemps bien éveillé.

Infidèle et partiel enfin (et c'est en cela qu'il nous intéresse ici) parce que le Jean-Jacques qui est promu au rang des idoles d'aujourd'hui comme — ou comme y est promu — ce Jésus à la triomphale réapparition duquel fait référence le titre de l'article, c'est essentiellement et même exclusivement le Rousseau contestataire, celui qui s'insurge contre le trompe-l'œil et les faux bonheurs des sociétés d'abondance (à certains réservée) et de la culture qu'elles suscitent, et qui parle d'un autre temps où il était simple et naturel d'être heureux, celui qui met en question les structures familiales abusives, celui qui met en accusation la traditionnelle éducation-enrégimentation et veut lui substituer — disons la vie dans sa plus haute dimension. Et, soulignant cela, nous n'infléchissons nullement le sens de cet article pour avoir le plaisir ou l'avantage de le critiquer [1] : après les premières lignes déjà citées, il se poursuit en effet ainsi : « *Au cœur du happening actuel, Rousseau éclate et revient très fort. Dans le rôle du contestataire, de l'homme révolté* », et se conclut à peu près ici : « *C'est le come-back de Jean-Jacques en idole des contestants.* »

Rousseau fut effectivement ce contestant, puisqu'il faut l'appeler ainsi, mais ce n'est pas tout, ce n'est pas à ce refus, si riche et si actuel soit-il, que se limite sa dimension. Et c'est ici justement que R.-G. Schwartzenberg a quand même tort : il fait de Rousseau un militant avant la lettre de la

ARCHIVES DES LETTRES MODERNES

1977   (IV)   n° 177 744-747

PIERRE DAGUERRESSAR

morale et politique

Jean-Jacques Rousseau
ou la fonction d'un refus

SIGLES ET ÉDITIONS UTILISÉS

sauf mention contraire, nos citations renvoient à :

ŒC   J.-J. ROUSSEAU, *Œuvres complètes*, édition publiée sous la direction de Bernard GAGNEBIN et de Marcel RAYMOND. Paris, Gallimard, « Bibl. de la Pléiade ».
[ŒC,] I   (1969)   II   (1969)   III   (1975)

C	*Confessions*	in [ŒC,] I
CS	*Du Contrat social...*	in III
DO	*Discours sur l'origine et les fondements de l'inégalité parmi les hommes*	in III
DS	*Discours sur les sciences et les arts*	in III
É	*Émile ou de l'éducation* (Paris, Garnier, 1961)	
ÉP	*Discours sur l'économie politique*	in III
FP	*Fragments politiques*	in III
NH	*Julie ou la Nouvelle Héloïse*	in II
RJ	*Rousseau juge de Jean-Jaques. Dialogues*	in I

Toute citation formellement textuelle se présente soit hors texte, en petit caractère romain, soit dans le corps du texte en *italique* entre guillemets, les soulignés du texte original étant rendus par l'alternance romain/italique ; mais seuls les mots en PETITES CAPITALES y sont soulignés par l'auteur de l'étude (le signe * devant un fragment attestant les petites capitales ou l'italique de l'édition de référence).

À l'intérieur d'un même paragraphe, les séries continues de références à un même texte sont allégées du sigle commun initial et réduites à la seule pagination ; par ailleurs les références consécutives à une même page ne sont pas répétées à l'intérieur de ce paragraphe lutte écologique et anti-pollution. Cela se comprend, bien sûr, car il n'est pas question de proposer à l'adoration une figure qui ne corresponde pas à ou qui n'exprime pas ce que pensent ou ce dont rêvent les idolâtres qu'on lui prépare ; et R.-G. Schwartzenberg, qui veut faire revivre Rousseau en mettant à profit la conjonction de ses thèmes et d'un courant très marqué de la pensée d'aujourd'hui, doit d'abord, c'est logique, le retailler aux dimensions du public qu'il lui destine ; on coupe donc, on sacrifie par-ci par-là [2], c'est pour la bonne cause... Et c'est ainsi que, pour la bonne cause, pour que Jean-Jacques (plutôt que Rousseau ?) se retrouve au sommet de la vague, des remous, de la consommation culturelle, il devient nécessaire de le réduire à la figure d'un paysan du Danube (du Larzac ?) ou d'un Lanza del Vasto qui parlerait comme Marcuse ou Ivan Illich. Mais cette image, si elle est payante (nous sommes bien dans la publicité) est fausse.

Parce qu'elle réintroduit la vieille erreur — ou la technique éprouvée — qui a permis à tellement de ses adversaires de le déconsidérer : si Rousseau retient notre attention c'est parce que, et dans la stricte mesure où — comme notre contestation qui du rouge s'est mise au vert — il est tourné vers le passé par dégoût du présent et doute de l'avenir, vers la campagne contre la ville, vers la nature contre la civilisation, vers le bonheur de l'homme contre le progrès des aises et l'accumulation des biens ; s'il a le droit d'être notre contemporain et s'il mérite d'être proposé à notre admiration, c'est parce qu'il a pensé, comme nous, qu'il fallait « décrocher », tout abandonner et, comme Alceste (mais oui ! sait-on pourtant assez combien il s'insurgeait qu'on pût l'assimiler à celui-ci), partir au désert. Et contre la technologie enfin on salue le chantre d'un certain primitivisme, sentimentalement tenu pour vérité de l'homme, et le poète du passé valeur-refuge.

Mais Rousseau ne regarde pas vers le passé, il ne cherche pas un refuge mais un point d'appui (pour, bien entendu, soulever le monde), il n'a jamais voulu aller au désert ou, s'il le fit, ce n'était là pour lui qu'une étape, qu'un rite de purification nécessaire avant autre chose. Car c'est l'éternelle histoire, l'homme qui dit *non* est aussi un homme qui dit *oui*. Qui en fait dit *non* pour pouvoir dire *oui*. Ou qui ne peut dire ce *oui* qui est en lui, source et centre de gravité, qu'à condition d'abord de dire *non*. Et Jean-Jacques dit *oui* — mais pas avec les autres, pas aux hommes, ou du moins à certains, comme Voltaire, *oui* à « *la cause de l'humanité* » (*DO*,131), et non pas aux « individus » tels qu'ils se sont (dé)faits — les « petits dieux enflés en la terre habitable » de d'Aubigné, les « misérables petits tas de secrets » (de mensonges) de Malraux —, *oui* à « l'espèce », à ce qui, essentiellement et nécessairement, donne à l'homme sa définition d'homme[3]. Son *oui* est sur « la montagne » justement, c'est un *oui* d'un autre ordre, et qu'ont préparé tous les *non* précédents.

Rousseau ne savait pas qu'il écrivait le *Discours sur les sciences et les arts* et le *Discours sur l'origine et les fondements de l'inégalité parmi les hommes* pour pouvoir écrire l'*Émile ou de l'éducation*, *La Julie ou la Nouvelle Héloïse* et *Du Contrat social*, mais c'est bien ainsi que les choses se passent pourtant, la nécessité évidente (même si c'est pour nous à la faveur de tous les conforts de l'*a posteriori*) d'une cohérence de l'œuvre s'imposant plus vraie que la succession brute des moments ou les maladresses, remords et discordances des écrits.

Ou plutôt peut-être le savait-il, puisqu'à Malesherbes il affirmait le 12 janvier 1762 : « [...] *si j'avois jamais pû ecrire le quart de ce que j'ai vû et senti sous cet arbre* [...]. » (*ŒC*, I,1135-6). Évidemment il lui fallait le temps, le temps de transcrire humainement — et la plume est pataude et la pensée patauge parfois — pour les humains l'évidence ; et il le passera, ce temps, à essayer de recomposer, à coups d'écrits, parcellairement, cette totalité, ce qui a été vu et com-pris au premier instant. C'est peut-être un (joli) mensonge, dira-t-on, et a-t-on dit (Diderot le premier qui revendiquait comme sien ce qui en 1750 n'était encore, sous l'éclat d'un piquant paradoxe, que tâtonnement et attaque ne trouvant pas sa cible véritable), une mise en scène, un habillage, mais nous croirons quand même que pour le commentateur l'existence de ce mensonge, que Rousseau ait cru bon de le faire exister, a un poids de nécessité et de réalité plus grand que les dénégations de la vérité (?) historique ; c'est d'ailleurs ce que croient aussi Georges May et François Bouchardy [4], le premier quand il parle de « *la fécondité quasi inépuisable de l'illumination de Vincennes* » [5], le second quand il écrit [6] : « *Il reste vrai pourtant que sur la route de Vincennes un fait s'est passé, analogue à une crise religieuse en ce sens qu'il ébranla toutes les puissances d'un homme, lui donna le sentiment d'être délivré, unifié, orienté.* » [7].

De cette affirmation d'une cohérence fondamentale de l'œuvre — « *J'ai écrit sur divers sujets, mais toujours dans les mêmes principes ; toujours la même morale, la même croyance, les mêmes maximes, et, si l'on veut, les mêmes opinions* » (p. 756 [8]) — naîtra notre propos : montrer que Rousseau n'est pas un passéiste, que ce n'est pas une régression qu'il propose mais un dépassement progressif qui est surtout accomplissement moral et coïncidence nécessaire — un nouvel homme (mais cette nouveauté ne sera que par relation à une diachronie), un nouveau contrat social, un nouveau monde, qui ne pourra bien entendu naître que de la mort du monde présent, le sien ou le nôtre.

Et dire cela nous paraît d'autant plus nécessaire que des

esprits intelligents sont encore aujourd'hui non hostiles aux idées de Rousseau (c'est là le droit élémentaire de juger selon sa conscience) mais fermés à l'idée même de l'œuvre (c'est le droit non moins élémentaire d'être jugé selon sa vérité). Harold Nicolson par exemple, type même du grand bourgeois libéral et d'esprit ouvert, qui consacre à Voltaire des pages très justes où, s'il le salue, il sait aussi le situer, c'est-à-dire le cerner et voir clair dans son jeu, ne cesse, dans le même ouvrage, d'insulter tranquillement Rousseau — fantastique, et tout simplement déséquilibré [9]. Il n'est pas sûr que la vogue dont jouit en ce moment l'auteur de l'*Émile* soit de meilleur aloi que le blocage qui fait s'égarer Nicolson. Sans parler, plus loin de nous cette fois, des petits esprits mal intentionnés ou peut-être trop intéressés à un procès mesquin et hargneux, comme Jules Lemaitre ou André Chuquet [10].

Quoi qu'il en soit, même si Rousseau n'était peut-être pas, dès l'origine, dès ce jour exceptionnel d'octobre 1749, en possession de son idée jusqu'en ses plus extrêmes exigences et conséquences (et c'est la raison des excès de plume du premier discours, et parfois encore du second, qui lui ont valu tant d'ennuis et de sarcasmes), il a vite compris le sens profond, unique, de ce qu'il disait, sans peut-être, si l'on veut, trop savoir exactement jusqu'alors pourquoi, en fonction de quel but et de quelle justification dernière, il le disait. À Malesherbes encore il écrit en effet, toujours à propos de ce dessillement premier, soudain et total : « *Tout ce que j'ai pu retenir de ces foules de grandes vérités qui dans un quart d'heure m'illuminerent sous cet arbre, a eté bien foiblement epars dans les trois principaux de mes ecrits, savoir ce premier discours, celui sur l'inegalité, et le traité de l'education, lesquels trois ouvrages sont inseparables et forment ensemble un meme tout.* » (ŒC,I,1136).

Aussi cet exposé voudra-t-il être en somme une glose détaillée de cette affirmation, comme la suivante, bien connue mais utilisée en général pour donner substance à la méfiance et au dédain qu'on a de Jean-Jacques, lui sera au contraire sa raison et sa justification quand, l'évidence « scientifique » et logique faisant défaut ou pesant d'un poids équivoque, il faudra avoir recours à l'engagement personnel et à la conviction intime : « [...] *cet homme ne ressemble à nul autre que je connoisse ; il demande une analyse à part et faite uniquement pour lui.* » (*RJ2*,774).

*
* *

Ce qui unit le Discours de 1750 à celui de 1755 se laisse facilement saisir : de l'un à l'autre il y a développement, maturation, approfondissement de la pensée, dépassement (mais non disparition) des premières cibles (sciences et arts) et découverte de la chose à dire, de ce à quoi celles-là menaient en même temps qu'elles le cachaient. L'examen critique de la corruption morale des formes modernes de société, sa condamnation, au nom des valeurs d'un autre type de société (celle de la Rome républicaine mais aussi celle de la République genevoise dont le souvenir hante Rousseau comme un remords et une exigence) suscité en face d'elles, dans une perspective comparatiste et passéiste classique, comme un reproche et un exemple, s'épanouissent cinq ans plus tard dans la contestation radicale, et donc extrêmement moderne, du bien-fondé de toutes les sociétés humaines qui ont existé ou existent (exception faite de la seule Genève) et la dénonciation méthodique de leurs principes constitutifs, dans la mesure où toutes ces sociétés politiques reposent en vérité sur l'institutionalisation et la légalisation d'une situation première d'aliénation, d'inégalité et d'oppression.

En 1750 Rousseau était un moraliste, certainement inattendu et paradoxal (cette brusque rage contre ce « siècle de fer » où Voltaire se plaisait tant !), agressif et intransigeant, mais éminemment pénétré de son sujet, si séduisant et saisissant dans ses périodes, et animé du désir fervent de ramener ses contemporains dans le droit chemin ; un moraliste, mais aussi encore, en dépit de certains succès, un débutant auquel rien n'empêchait alors vraiment de supposer les mêmes motivations qu'à tous les gens de lettres dans sa situation ; reprenant à son tour la contestation indignée des mœurs de son siècle, il prenait donc tout naturellement sa place dans une tradition, récupérable par conséquent et réintégrable dans la bonne société ; son style et son ardeur lui assureraient une place enviable au côté des Caton, Juvénal, La Bruyère ou Molière, et les académiciens de Dijon commençaient par lui décerner leur premier prix ; on pouvait en fin de compte le croire inoffensif. Tout était bien qui finissait bien — sinon que cette fin était un début.

Car en 1755 c'est la même exigence morale qui, plus sûre d'elle-même, amène l'auteur du *Discours sur les sciences et les arts* de la simple critique des mœurs au refus total de ce qu'on appelle, jouant métaphoriquement du pouvoir des mots, choisissant le paraître pour l'être, *l'ordre établi*. Ce qui pouvait ne sembler qu'un nouvel avatar de l'arrivisme et de l'ambition apparaissait dès lors pour ce qu'il était vraiment : une illumination, une révélation, la découverte d'une vérité qu'il ne faudra plus lâcher avant de l'avoir épuisée — une vérité qui ne tient pas aux modes d'un temps mais à « la cause de l'humanité ». La diatribe contre les masques et les excès de la civilisation laisse place à une critique de son sens et de sa nature, à la démonstration de son inauthenticité, la satire à une archéologie de la nature humaine, la typologie à une anthropologie. Les convenances du discours sont oubliées, qu'il va être jugé par des hommes dont la curiosité intellectuelle reste circonscrite et en fait modelée par une situation sociale, et par conséquent des valeurs, bien définies, aussi. Car le deuxième Discours conclut très nettement que la société, sous les formes qu'on lui connaît, exclut la nature, que, simple virtualité qui eût pu ne jamais s'accomplir, elle n'était ni la fin ni le milieu naturels de l'homme. L'instinct de sociabilité, dit Rousseau au contraire de tous les philosophes, n'est pas constitutif de notre être : il est par contre apparu, contingent, inéluctable en même temps que non-nécessaire, à un certain moment du temps, un besoin de, un intérêt à se grouper. Quand il lui faut définir les principes qui fondent les règles du droit naturel, Jean-Jacques avance les deux seuls principes de conservation de soi et de pitié pour autrui — « *une répugnance naturelle à voir périr ou souffrir tout être sensible* » [11] (*DO*,126) — « *sans qu'il soit nécessaire d'y faire entrer celui de la sociabilité* ».

Mais la belle rigueur de cette pensée vient soudain buter sur le titre de l'ouvrage de 1762, *Du Contrat social*. À première vue, aucun rapport entre ce titre qui annonce une rentrée dans l'histoire, dans le domaine de la politique, donc de la cité, et les conclusions et les perspectives du deuxième Discours qui envisageait le passage de l'état naturel à l'état social très exactement comme une révolution du bonheur au malheur, qui ne voyait dans l'évolution vers la, ou plutôt notre civilisation qu'un « *funeste hazard qui pour l'utilité commune eût dû ne jamais arriver* » (*DO*,171), et qui affirmait que « *ce sont le fer et le bled qui ont civilisé les hommes, et perdu le Genre-humain* » [12] — et la copule ici n'a pas fonction d'ajouter, de mettre à côté l'un de l'autre deux éléments hétérogènes, d'apporter une simple rallonge quantitative, mais, recouvrant exactement ce qui vient d'être dit par ce qui va l'être, de permettre une relecture qui désigne maintenant comme trompeur le signifiant auparavant insoupçonné et fait apparaître, à la place de son « sens » immédiat mais décevant, la signification véritable de l'objet de l'énoncé. Impression fausse que nous aurons à tâche de dissiper.

Pierre Burgelin décrit le *Discours sur l'inégalité*, comme « *l'une des clefs du* Contrat social » (p. 17 [13]) ; c'est ce que nous voudrions montrer maintenant.

II

NI FUITE EN AVANT...

IL est vrai que, ici et là, certaines affirmations du *Discours sur l'inégalité* — mais certaines uniquement, que, comme toujours, on s'est empressé de soustraire à leur contexte, Voltaire le premier — sont trop promptes à charger le développement des fonctions intellectuelles de tous les péchés de l'histoire et à lancer contre la socialisation des condamnations dont le caractère absolu et abrupt [14] semblait bien fermer toute issue, ne laisser au citoyen qui voulait, converti, retrouver sa vérité et le bonheur, d'autre voie que celle du dépouillement — du renoncement même ; à tel point que Rousseau, prenant conscience de l'aporie où il s'enferme, s'enferre, et que c'est à une sorte de politique de l'autruche ou d'attitude de Gribouille que conduisent son humeur et son raisonnement, corrigera, ici même déjà [15] puis dans d'autres écrits, cette témérité, balancera ceci par cela [16], rouvrira lui-même les portes qu'il avait trop vite claquées — comme il avait dû déjà corriger l'outrance des slogans de Fabricius ; et l'important est que ces réalignements ont été faits, que l'intolérance de certaines explications n'affaiblit pas la valeur des faits et des conclusions dégagés dans l'ouvrage, et que les dérapages d'une plume parfois trop lyrique, trop sincère, trop convaincue dans le moment de l'idée qui l'emporte n'altère pas la fermeté de la ligne générale.

Ainsi, accuser Rousseau de se renier lui-même sous prétexte que la rédaction du *Contrat* démentirait les conclusions du *Discours sur l'inégalité* n'a aucun sens. Car si cet ouvrage disait effectivement qu'il n'est pas nécessaire de faire intervenir l'instinct de sociabilité comme élément constitutif de la nature humaine telle que Dieu l'a voulue, mais simplement comme une virtualité, une faculté qui est là, en puissance, en attente et que rien ne destinait fatalement à s'accomplir un jour, et s'il affirmait que l'état naturel, où l'individu est libre et in-divisé, est le plus heureux pour l'homme, toute sa seconde partie était également consacrée à l'analyse d'un processus historique, à montrer les étapes de la corruption qui accompagne l'éveil à soi-même de l'espèce humaine, l'inéluctable acheminement de l'homme, à travers la découverte progressive de sa singularité et des notions de travail, de propriété, de profit, à l'état social qui, terme dernier et historiquement cohérent de cette évolution, n'en représente pas moins une trahison, un oubli et un refus de l'état originel — très exactement une dénaturation [17]. La sociabilité n'était peut-être pas dans l'homme, mais aujourd'hui et partout l'homme est dans la société : c'est sur cette situation, celle du citoyen des états modernes, que Rousseau entend réfléchir, ainsi que sur la nature et le fonctionnement des causes qui l'ont produite ; quant à ces primitifs que le XVIIIᵉ siècle philosophique aime à découvrir et à étudier, ils ne sont justement que les derniers et rares vestiges [18] d'un état (« *juste milieu* » (*DO*,171), moment d'équilibre parfait) aujourd'hui presque partout à jamais révolu — et pour Rousseau, contrairement à Diderot parfois, les retrouver, les imiter ne nous est plus possible.

Comment l'homme, créé bon par un Dieu bon — s'il est

une conclusion du Discours à laquelle Rousseau tient c'est bien celle-là [19] — a-t-il pu devenir mauvais ? comment la société, qui n'était pas dans la nature, a-t-elle pu exister dans l'histoire ? C'est cette double (et unique) généalogie — « *les routes oubliées et perdues qui de l'état Naturel ont dû mener l'homme à l'état Civil* » (*DO*,191) — dont Rousseau entreprend de rendre compte, en essayant d'éviter et Charybde et Scylla, de disculper à la fois le Créateur et sa créature ou, plus exactement, en essayant d'éviter d'avoir à poser un homme naturellement perverti, ce qui l'amènerait à mettre en cause Dieu — car il est bien entendu que l'homme est l'acteur immédiat et l'agent matériel du mal, conjoncturellement responsable [20].

C'est pourquoi Henri Guillemin peut à juste titre définir le *Discours sur l'inégalité* comme « *un essai de solution au problème du mal* » (p. 16 [21]). Et puisque l'amorce de cette mise en marche (évolution, histoire, pro-grès) bénéfique d'abord mais ensuite, et dans la continuation même de son mouvement, aliénante et dénaturante, ne peut par définition venir de la nature humaine et encore moins de Dieu qui en est la source, c'est à l'extérieur de l'homme qu'il faut aller en chercher les causes — ce sont « *différens hazards* » (*DO*,162) qu'il va falloir mettre en évidence ; ce mot revient souvent dans le Discours, on s'en satisfera ou non, mais Rousseau n'a qu'une seule voie pour sortir de ce piège où risque de le mener cette intuition impérieuse mais encore trop désordonnée qui le possède — et qui lui dit aussi pourtant que ce piège n'en est pas un.

Il n'est donc d'autre solution pour lui que de traduire tant bien que mal dans la logique du raisonnement — discursivement développé et tenu de respecter le principe de non-contradiction — l'évidence globale d'une conviction intime. Le résultat en sera plus ou moins convaincant, et d'ailleurs, au début du *Contrat*, mettant en rapport notre nature libre et notre situation aliénée, Rousseau écrira : « *Comment ce changement s'est-il fait ? Je l'ignore.* » (*CS*,351), balayant ainsi, sans qu'il y ait lieu de soupçonner aucune pose, l'effort de reconstitution et de persuasion du Discours comme académique ou secondaire à l'égard de ce qui l'attend au seuil du nouvel ouvrage. Mais l'essentiel ici, au moment du Discours, est que l'incompatibilité morale dégagée entre notre nature et les réalisations historiques de la société n'apparaisse pas comme l'effet d'un postulat intolérant ou d'un *a priori* aveugle qui bloqueraient immédiatement toute possibilité de discussion et de recherche, et que l'exclusion nature/société, posée comme historique et contingente, admette par conséquent de l'une à l'autre une continuité événementielle et une logique diachronique que Rousseau doit d'autant plus expliquer qu'il doit réfuter d'avance l'argument qu'on pourrait tirer et lui opposer de l'existence universelle de la société, et qu'il doit montrer que l'histoire, qu'il a commencé par « écarter », loin de ruiner ses intuitions fondamentales, les confirme, et, loin de rejeter la morale, attend d'elle son sens profond.

*
* *

La première partie du *Discours sur l'inégalité* nous peint l'homme des origines comme quasiment réduit à sa seule existence physique : « *L'Homme Sauvage* [...] *commencera donc par les fonctions purement animales* [...]. » (*DO*,142-3). Mais celui-ci est aussi beaucoup plus qu'un animal ; « *organisé le plus avantageusement de tous* » (135), deux qualités essentielles l'en distinguent : la perfectibilité et la volonté libre, bien qu'elles n'existent au départ en lui que comme possibles, virtualités.

De la perfectibilité Rousseau donne la définition suivante : « [...] *faculté qui, à l'aide des circonstances, développe successivement toutes les autres, et réside parmi nous tant dans l'espéce, que dans l'individu, au lieu qu'un animal est, au bout de quelques mois, ce qu'il sera toute sa vie, et son espéce, au bout de mille ans, ce qu'elle étoit la premiere année de ces mille ans* » (*DO*,142), avant d'en fournir, et ceci est beaucoup plus intéressant, le sens, la fonction : « *L'Homme Sauvage, livré par la Nature au seul instinct, ou plûtôt dédommagé de celui qui lui manque peut-être, par des facultés capables d'y suppléer d'abord, et de l'élever ensuite fort au-dessus de celle-là* [...]. » (142-3) [22]. Ces (vagues) facultés, ce sont elles qui constituent la perfectibilité — qui fut d'abord une disponibilité, une souplesse d'adaptation — et c'est à elles que l'homme, et lui seul entre les animaux, doit d'être entré dans le devenir historique : l'histoire de l'espèce humaine peut alors être définie comme la préservation, la transmission et l'accumulation dynamique d'un savoir — essentiellement nouveau en ce sens qu'il n'est plus, à partir d'un certain niveau d'adaptation (c'est-à-dire de progrès), conditionné par les (im)pulsions premières de la nature ni circonscrit aux fonctions biologiques —, d'expériences qui s'engendrent les unes les autres, l'acquit des premières permettant, provoquant l'éclosion des suivantes qui, au lieu de cesser avec chaque génération, avec chaque individu, comme, en fait, cela est vrai des animaux, et de devoir être réinventées, vécues de nouveau et de manière identique par chaque élément et chaque génération dans un présent immobile qui ne cesse de se reproduire strictement semblable à lui-même, demeurent et se transmettent. « *Ces premiers progrès mirent enfin l'homme à portée d'en faire de plus rapides* » (*DO*,167).

Mais comment dans les faits cette perfectibilité se manifeste-t-elle, puisque son nom dit assez qu'elle n'était que possibilité, virtualité, disponibilité, attente ? Rousseau répond qu'il faut à la perfectibilité la rencontre, « *l'aide des circonstances* » (*DO*,142) [23], le contact de « *différens hazards* » (162), de « *quelque funeste hazard* » (171) pour se réaliser conjoncturellement en concrètement. C'est dire que tout était possible, mais que rien ne se serait produit, si l'homme n'avait rencontré sur son chemin, dans l'apprentissage empirique d'une existence inconnue, des réalités nouvelles auxquelles il lui a fallu s'adapter, dont il a fallu qu'il résolve l'énigme et résorbe le danger, pour survivre.

Ici bien sûr la position de Rousseau est très délicate, qui doit renoncer au tableau idyllique de la mère Nature donnant à foison ses richesses à ses enfants (« *Ses modiques besoins se trouvent si aisément sous sa main* », *DO*,144) ou, du moins, le corriger : « [...] *mais il se présenta bientôt des difficultés ; il fallut apprendre à les vaincre* [...]. » (165) [24]. Difficultés, obstacles, dangers, que l'homme doit de toute nécessité apprendre à surmonter, qu'il doit dominer, s'il veut protéger son existence. Ce qui est en effet la première loi de la nature : l'instinct de conservation (amour de soi) est l'élément fondamentalement constitutif de notre être, et légitime ainsi, dans un premier temps du moins, le progrès, le perfectionnement, l'adaptation aux circonstances nouvelles ou hostiles ; l'*Émile* le réaffirme : « [...] *la première loi de la nature est le soin de se conserver* » (*É*,223) [25].

On pourra ici objecter que Dieu aurait donc en quelque sorte manqué de discernement en ne pourvoyant pas aux besoins de sa créature et en préparant ainsi objectivement (puisque existent dans la nature ces conditions, ces circonstances, qui demandent chez l'homme l'intervention corrective, la réponse de la perfectibilité) la voie qui mènerait ultérieurement et fatalement à la chute. Objection que nous nous efforcerons plus loin de repousser méthodiquement, mais à laquelle nous pouvons provisoirement, pour réduire la gêne que provoque son existence narquoise, opposer les remarques suivantes :

— 1) que Rousseau semble bien penser, comme Voltaire à la fin de *Candide* (« *l'homme fut mis dans le jardin d'Éden* [...] *pour qu'il travaillât* »), que la Providence a voulu que l'homme s'accomplît par la créativité, dans l'activité, dans le travail (considéré non comme une contrainte, comme le mécanisme social de l'aliénation moderne, mais comme une conquête de soi, comme une expression de la liberté originelle, comme une valeur humaine et non comme une valeur marchande) car ce qu'il appelle quelque part la « fainéantise » du primitif fait de celui-ci une bête plus qu'un homme [26]. « *Travailler est un devoir indispensable à l'homme social* » (*É*,226), est-il dit dans l'*Émile*, et Émile exercera un métier. Il va de soi qu'à partir de cette identité de base Voltaire et Rousseau divergent sur le sens à donner à ce travail, sens capitaliste pour le premier, sens moral pour le second.

— 2) que surtout c'est de la volonté de coopération de l'homme que dépend l'accomplissement d'un plan providentiel qui n'est pas conçu comme une perfection donnée tout de suite comme telle où la créature n'aurait plus qu'à passivement se couler et s'abandonner, mais comme une perfection que l'homme, par son action, sa volonté bandée et non abandonnée, doit faire exister, incarner précisément. Ce plan

providentiel n'a en effet pas pour fin l'état stupide d'un
bonheur dont l'indéniable authenticité ne suffit pourtant pas
à sauvegarder la valeur puisqu'il est stérile et ne connaît
même pas son nom : selon Rousseau l'homme est libre pour
connaître Dieu ; mais c'est justement sans la comprendre que
le primitif se soumet à cette voix, c'est sans le savoir qu'il
est bon, c'est parce qu'il ignore le malheur qu'il est heureux
— et l'ignorance est bien alors affectée de son signe négatif
normal, même si « l'ignorance de » peut avoir, dans un contexte comparatif, une valeur positive ; loin de réaliser la perfection de l'humanité, le primitif est un être inaccompli.

Or, il n'est pas d'homme véritable sans conscience (de
soi, de son être moral, de sa liberté et de ses choix) et raison ;
être homme c'est se vouloir homme. Et si l'expérience montre que c'est précisément l'éveil de sa conscience qui a fait
le malheur de l'homme, il n'en demeure pas moins qu'elle
devait l'amener à l'accomplissement de lui-même et non à
l'aliénation ; que si cet éveil à soi a finalement tué son premier et tranquille bonheur, c'est parce qu'il a, sourd à la
voix de la conscience, de Dieu, mésusé de sa liberté et de
sa volonté. Et la « vertu », cet apanage des « âmes simples »,
n'en est pas moins une « science » qui consiste à « *écouter*
[c'est-à-dire à savoir écouter] *la voix de sa conscience dans
le silence des passions* » (DS,30), de même que c'est le seul
être pensant qui est capable de reconnaître dans la conscience un « *instinct divin* » (*É*,354). Dieu a voulu que bouge
l'animal humain, qu'il assume la responsabilité de sa nature,
et qu'il devienne ce qu'il est, ainsi se faisant homme ; mais
celui-ci s'est égaré et a manqué sa chance. Avec l'*Émile* et le
Contrat, c'est une seconde chance que lui offre Rousseau :
défendant l'intention de son second Discours, il écrivait par
exemple à Voltaire le 18 août 1756 : « [...] *je montrois
aux hommes comment ils faisoient leurs malheurs eux-*

mêmes et par conséquent comment ils les pouvoient éviter. »
(*ŒC*,III,1382).

Menacé dans son existence, le primitif ne peut désormais
plus se laisser vivre, s'abandonner à son indolence et s'en
remettre à la nature du soin de le (plutôt que *se*) nourrir ;
il est temps pour lui de prendre son destin en main, d'intervenir — c'est-à-dire de (se) faire et de (se) penser. Évolution
indispensable et qui est dans sa nature, puisque la perfectibilité est en somme une manifestation pratique de l'instinct de conservation. Et manifestation privilégiée, propre à
l'homme, puisqu'il est non seulement capable de s'adapter,
mais encore de choisir, d'accepter ce qui est le plus propre
à sa conservation, tandis que « *la Bête ne peut s'écarter de
la Regle qui lui est prescrite, même quand il lui seroit avan-
tageux de le faire* » (*DO*,141).

Ainsi, sous l'empire des circonstances, se constituent
pour l'espèce un savoir et pour l'individu une expérience de
soi qui les mettent à même de triompher de tout ce qui met
en péril leur existence — et transformeront (corrompront)
progressivement l'amour de soi en amour-propre. Pour le
moment, par un mouvement naturel l'homme découvre les
bienfaits de l'association temporaire (en vue de la chasse par
exemple), s'avise qu'une branche est parfois une meilleure
arme que le poing — bref, il fait des progrès. Mais progrès
légitimes si l'on peut dire, puisque nés de notre nature et
rendus nécessaires par le soin de notre conservation. L'homme
ne peut survivre qu'en échappant à la passivité, à l'absence
d'initiative, à la stagnation de sa vie animale pour entrer
dans l'histoire, qu'en se perfectionnant, qu'en progressant ;
s'adapter ou mourir — par son ingéniosité, par sa volonté, il
prouve une première fois qu'il est capable de se dépasser, de

se conduire, au niveau de l'individu (celui qui existe en nature et non celui que définiront, que cerneront, les antagonismes sociaux modernes) selon cette « règle » particulière qui lui est prescrite par Dieu.

Mouvement qui est donc positif et que Rousseau résume ainsi au début du *Contrat* : « *Je suppose les hommes parvenus à ce point où les obstacles qui nuisent à leur conservation dans l'état de nature, l'emportent par leur résistance sur les forces que chaque individu peut employer pour se maintenir dans cet état. Alors cet état primitif ne peut plus subsister, et le genre humain périroit s'il ne changeoit sa maniere d'être.* » (*CS*,360) et la coopération des forces exigée par l'hostilité de la nature pourrait représenter la base d'une micro-société harmonieuse : « [...] *ils n'ont plus d'autre moyen pour se conserver, que de former par agrégation une somme de forces qui puisse l'emporter sur la résistance* [...]. » ; mais, on le voit, il n'est encore question que d'« agrégation », c'est-à-dire d'un rassemblement d'individus qui demeurent tels et ne s'associent pas dans un ensemble que structurerait leur dépendance mutuelle ; équilibre précaire (même si Rousseau dit qu'il dura fort longtemps) où la « *Société naissante* » (*DO*,170) ou « *commencée* » risque à tout moment de l'emporter sur les « *douceurs d'un commerce independant* » (171).

Alors cet homme ne correspond déjà plus exactement à l'image originelle du primitif ; contraint de s'adapter pour éviter une destruction précoce, le voici entré dans l'Histoire, le voici devenu, pour son bien, un être conscient (de soi et de l'autre) et « sophistiqué », qui a recours aux artifices de la technique pour augmenter et utiliser au mieux l'effet de sa force brutale. Le manuscrit de Genève dit très clairement que le genre humain périrait si l'art ne venait au secours de la nature.

Ainsi, « *rien n'est si doux que [l'homme] dans son état primitif, [c'est-à-dire] placé par la nature à des distances égales de la stupidité des brutes et des lumiéres funestes de l'homme civil* » (*DO*,170), écrit Rousseau. D'où il faut conclure, si l'on veut bien lire sans préjugé, que cette évolution — qui est modification d'un premier état où l'immobilité signifiait suffisance et satisfaction — a été non seulement indispensable mais salutaire, bénéfique, puisque c'est à cet instant que se situe le point d'équilibre harmonieux, le vrai bonheur, et non à l'aube des temps, quand ce bonheur était encore tout animal (celui des « brutes ») et ne savait même pas son nom. Encore : « *Ainsi quoique les hommes fussent devenus moins endurans, et que la pitié naturelle eût déjà souffert quelque altération, ce période du développement des facultés humaines, tenant un juste milieu entre l'indolence de l'état primitif et la pétulante activité de nôtre amour-propre, dut être l'époque la plus heureuse, et la plus durable.* » (171). Ce qui permet de préciser ce point, limité et technique presque mais pourtant fondamental, que pour Rousseau, et en dépit des flottements du vocabulaire (*naturel* et *primitif* employés indifféremment pour caractériser deux états, tant chronologiques que moraux, sinon antithétiques du moins distincts l'un de l'autre), le primitif, celui que son lyrisme regrette et exalte, n'est pas la créature statique de la préhistoire qu'on a cru ou voulu croire, mais un être qui a déjà bougé, changé, qui a perdu d'un côté ce qu'il a gagné de l'autre, que définit par conséquent la notion de juste milieu [27], et qui est parvenu — c'est en fait dire la même chose — au « *dernier terme de l'état de Nature* » (164) : le primitif qu'entend Rousseau est dans l'histoire, et si cette mise en mouvement a altéré en lui la pureté de certains traits de nature — « *Quoiqu'il se prive dans cet état de plusieurs avantages qu'il tient de la nature* » (*CS*,364) — elle a surtout permis cette éclosion, cet éveil (ou, ici, ce début d'éveil) de l'homme à lui-même et à autrui, dont on comprendra plus loin que sa nécessité (une cause finale en somme) transcende la dénaturation, l'infidélité aux origines qui l'ont *de facto* accompagnée — car entre ces deux phénomènes la relation causale est accidentelle et non essentielle.

Mais la perfectibilité une fois mise en route ne peut plus être contrôlée, redressée, d'autant qu'elle a aussi, surtout, libéré en l'homme ses puissances mauvaises. Dès lors, nourrie de ses premières réalisations, sans cesse sollicitée par les circonstances et les hasards de l'existence, elle s'accélère et dégénère. C'est toujours la même faculté qui s'exerce, le même mouvement qui continue, mais sous l'effet de son propre poids, d'une « *certaine pesanteur sociologique* » comme dit Pierre Burgelin (p. 18 [13]), il va changer de sens ; il y a dérapage, l'homme a perdu le contrôle de son progrès, quelque chose (mais en fait lui-même) va plus vite que lui, qui l'entraîne ; c'est l'histoire, bête et terrible, de la goutte d'eau qui fait déborder le vase, ou celle de la boîte de Pandore — « [...] *la fermentation causée par ces nouveaux levains produisit enfin des composés funestes au bonheur et à l'innocence.* » (*DO*,170). Apprenti-sorcier, l'homme n'a pu maîtriser une évolution qui l'entraînera enfin dans la catastrophe de son mouvement emballé ; ce qui a servi sa conservation et son bonheur fait maintenant son malheur ; et, en un sens, il n'y peut guère, puisqu'il n'a aucune expérience.

Comment en effet pourrait-il se méfier d'une association où il ne voit dans l'instant que des avantages ? Mais au sein du groupe que l'intérêt commun a réuni, les intérêts particuliers se mettent bientôt à tirer à hue et à dia, et l'individu ne pose plus sa jeune identité que pour l'opposer à celle d'autrui ; on regarde l'autre et on prend conscience qu'on est regardé par lui ; les conflits se développent, les notions de profit, de propriété, de domination, apparaissent, nés avec les vertus les vices prennent bientôt le pas sur elles, et l'inégalité se constitue en fait avant de l'être en droit, bref « *La Société naissante fit place au plus horrible état de guerre* » (*DO*,176). Et comment l'homme pourrait-il se méfier de l'institution politique, quand il y voit la garantie de la paix et de l'ordre contre les rivalités anarchiques et le droit du plus fort ? — « *Tous coururent au devant de leurs fers croyant assûrer leur liberté ; car avec assés de raison pour sentir les avantages d'un établissement politique, ils n'avoient pas assés d'expérience pour en prévoir les dangers* [...]. » (177-8).

Ce qui n'enlève pas pour autant sa responsabilité à l'être humain dans cet enchaînement malheureux des choses (ces propositions qui s'accumulent, se superposent, chacune semblant établir sa vérité au détriment, même partiel, de l'autre, il faut accepter qu'elles soient vraies toutes ensemble) : « *Sans doute il ne dépend plus* [*des hommes*] *de n'être pas méchants et faibles, mais il dépendit d'eux de ne pas le devenir* » (*É*,358)[28]. Les « circonstances » sont en effet, si l'on veut, la cause chronologiquement première dans cette mécanique (« la source » dit Rousseau lui-même) mais elles ne sauraient être dites, même pas métaphoriquement, responsables. Nous les avons vues, au contraire, nécessaires et permettre ainsi un salutaire éveil (cela dialectiquement, selon une vision totalisante du destin humain) de l'homme à sa conscience ; le jeu a mal tourné, mais c'était à celui-ci qu'il appartenait précisément d'utiliser cette conscience (« instinct divin » qui parle sur le mode des catégories morales humaines) pour infléchir les choses selon un progrès naturel, qui serait demeuré fidèle à ses valeurs originelles. Cela Rousseau l'explique encore dans les termes suivants à Christophe de Beaumont : « *J'ai fait voir que l'unique passion qui naisse avec l'homme, savoir l'amour de soi, est une passion indiffé-*

rente en elle-même au bien et au mal, qu'elle ne devient bonne ou mauvaise que par accident et selon les circonstances dans lesquelles elle se développe. » (p. 760 [8]). La pitié naturelle, ce mouvement élémentaire qui oriente la neutralité et l'inertie du primitif et constitue ce qu'on appelle, faute de mieux, sa « bonté », gardait, endiguait dans le champ du bien, l'activité de l'amour de soi, mais celui-ci dégénère et tend à devenir amour exclusif de soi quand, cet instinct d'une solidarité affaibli et l'individu découvrant puis imposant comme un défi une unité qu'il croit une unicité, la volonté morale qui prend le relais de cette polarisation instinctuelle et passive vers le bien, ne peut ou ne veut imposer ses choix aux nouvelles réalités — encore ouvertes, indécises pour ainsi dire et non-contraignantes — qui naissent de la rencontre catalytique des circonstances et de la perfectibilité, agent et extension dynamique de l'instinct de conservation.

Au terme de cette évolution si heureusement commencée, par l'effet du plus mécanique et, d'un certain point de vue, du plus logique des mouvements (mais une autre logique, vraie celle-ci, était possible), la société était ainsi telle que nous la connaissons, mauvaise et injuste parce qu'instituée par des hommes qui n'ont découvert la conscience que pour oublier celui qui l'inspire. « [...] *les vertus sociales* [...] *que l'homme Naturel avoit reçues en puissance, ne pouvoient jamais se developper d'elles mêmes* » (*DO*,162), sans le « *concours fortuit de plusieurs causes étrangeres* », sans « *différens hazards* » dont l'effet, bien qu'au départ heureux, devait être inéluctablement et à la longue de « *rendre un être méchant en le rendant sociable, et d'un terme si éloigné amener enfin l'homme et le monde au point où nous les voyons* ».

En présentant, dans la première partie du Discours, la perfectibilité, Rousseau disait : « *Il seroit triste pour nous d'être forcés de convenir, que cette faculté distinctive, et presque illimitée, est la source de tous les malheurs de l'homme* [...] *que c'est elle, qui faisant éclore avec les siécles ses lumiéres et ses erreurs, ses vices et ses vertus, le rend à la longue le tyran de lui-même, et de la Nature.* » (*DO*,142). Telle est bien pourtant la réalité : un mouvement à l'origine bon — il améliore les premières conditions d'existence, il amène l'homme au-delà de la passivité animale vers l'épanouissement moral —, accordé à la nature des choses, s'est progressivement éloigné de cette nature jusqu'à en devenir la négation. Au terme, provisoire peut-être, de ce mouvement où nous sommes, sont les sociétés dont les deux Discours ont indubitablement montré qu'elles reposent sur l'injustice, l'inégalité, l'aliénation. « *Telle fut, ou dut être l'origine de la Société et des Loix, qui donnérent de nouvelles entraves au foible et de nouvelles forces au riche, détruisirent sans retour la liberté naturelle, fixérent pour jamais la Loi de la propriété et de l'inégalité, d'une adroite usurpation firent un droit irrévocable, et pour le profit de quelques ambitieux assujétirent désormais tout le Genre-humain au travail, à la servitude et à la misére.* » (178)[29]. C'est ici qu'intervient le *Contrat social*, tentative constructive pour sortir de cette impasse.

*
* *

Car, comme l'écrit P. Burgelin, « *il n'en résulte pas que la socialisation soit par nature mauvaise, elle est ambiguë : indispensable pour accomplir l'homme pourvu de toutes les facultés que la nature lui octroie, elle pourrait l'aider à trouver son bonheur, mais elle le corrompt* » (p. 191[13]). Le *Contrat*

est là-dessus très clair, plus clair certainement que certaines
formules excessives du second Discours — parce que la pensée, de reconnaître toujours plus nettement ses objectifs, s'en
trouve elle-même éclaircie au moment de la formulation
discursive : ce n'est pas la socialisation qui est condamnable
en soi (ce qui impliquerait qu'effectivement la seule issue,
pour qui porte sur la civilisation le même regard que Rousseau, est la fuite, le refus, le retour à la solitude primitive)
mais ce qu'en a fait l'homme, la perversion qu'il lui a fait
subir [30] — un paraître mensonger qu'on fait passer pour l'être
authentique, solitude au milieu de la collectivité qui succède
à l'unanimité des libertés —, l'organisation qu'il lui a
donnée (car, sous la variété des aspects politiques et sociaux,
les principes structuraux sont toujours et partout les mêmes),
les intérêts égoïstes qui ont, *de facto*, orienté sa constitution.
« *Ce passage de l'état de nature à l'état civil produit dans
l'homme un changement très rémarquable, en substituant
dans sa conduite la justice à l'instinct, et donnant à ses
actions la moralité qui leur manquoit auparavant.* [...] *Quoiqu'il se prive dans cet état de plusieurs avantages qu'il tient
de la nature, il en regagne de si grands, ses facultés s'exercent
et se développent, ses idées s'étendent, ses sentimens s'enno-
blissent, son ame toute entiere s'éleve* [...]. » (*CS*,364). Cela
surprendra ceux qui ne voient en Rousseau que le doux et
inoffensif chantre de ce qu'on a précisément appelé le rous-
seauisme [31] ; il n'en est pas moins vrai que, les derniers textes
cités nous l'ont laissé voir et les suivants le diront encore
plus fermement, abandonné à l'anarchie d'une liberté vide,
le primitif ne mérite pas pleinement le nom d'homme, puisque, bien au contraire, dans cet état originel de la pure
nature, « *borné au seul instinct physique, il est nul, il est
bête ; c'est ce que j'ai fait voir dans mon discours sur l'inégalité* » [32], et que c'est la société, la société juste et théorique du

Contrat bien sûr, mais, d'abord, la simple socialisation, qui accomplit l'individu — le *Contrat* parle de « *l'instant heureux qui* [...] *d'un animal stupide et borné, fit un être intelligent et un homme* » (364) — puisque ce sont les rapports et les échanges avec autrui (« *L'homme isolé demeure toujours le même, il ne fait de progrès qu'en société.* », *FP*,533) qui l'amènent à la conscience de soi, et donc à l'être moral, à la connaissance de cette vertu (c'est dire aussi connaissance du vice), à l'exercice de cette volonté qu'ignorait l'indolence des primitifs (ils n'avaient ni vices ni vertus [33]).

Soit qu'un penchant naturel ait porté les hommes à s'unir en société, soit qu'ils y aient été forcés par leurs besoins mutuels, il est certain que c'est de ce commerce que sont nés leurs vertus et leurs vices et en quelque manière tout leur être moral. Là où il n'y a point de société il ne peut y avoir ni Justice, ni clemence, ni humanité, ni générosité, ni modestie, ni surtout le mérite de touttes ces vertus, je veux dire ce qu'il en coûte à les pratiquer parmi des êtres remplis de tous les vices contraires. (*FP*,504-5) [34]

L'homme n'est véritablement homme que lorsqu'il engage volontairement sa liberté au service de la conscience morale dont Dieu est le garant ; cette grandeur, celle de qui décide et intervient, inconnue à l'homme des bois, n'est possible qu'à l'homme des cités, sans cesse affronté aux choix de la justice et de l'injustice. C'est ce qu'a très bien compris et que dit fort explicitement David Williams dans sa présentation de Rousseau :

The natural society of Rousseau's vision lay in the future, not in the past, and was conceived in terms of fulfilment of human nature — not a retrogression. Man has a social destiny to follow to which he is called by the processes of evolution, by his conscience, and ultimately by God. Outside society [...] there is innocence but not virtue, since virtue is definable only as a victory of the will in the exercise of a moral choice which did not confront primitive man. [35]

Mais vertu suppose vice et l'histoire des sociétés humaines telle qu'elle est retracée dans le *Discours sur l'inégalité* enseigne que l'homme ne s'est pas plus tôt éveillé à la conscience qu'il est devenu mauvais, parce qu'il a mésusé de cette liberté qui lui a été donnée pour écouter et suivre Dieu, source de toute justice, mais qu'il a préféré détourner de ses fins et utiliser à son profit personnel immédiat, sacrifiant son bonheur à son intérêt, se perdant quand il pouvait se gagner, se faire authentiquement. Ainsi, si la société pouvait représenter l'occasion de l'épanouissement de l'homme, mais fut sa perte, c'est parce qu'il n'a pas voulu assez fort ce que Dieu voulait pour lui, mais ne pouvait vouloir à sa place. Raymond Polin a raison qui dit que « *la philosophie de l'histoire suggérée par Rousseau est une philosophie de la contingence, une philosophie de l'histoire de l'homme en train de se faire homme* » [36].

L'évolution humaine rencontre nécessairement la cité sur son chemin [37] ; hors d'elle l'homme n'est qu'un primitif, heureux peut-être mais inachevé et, en quelque sorte, monstrueux — un peu comme on pourrait le dire des animaux pré-historiques justement — ; et si elle a fait son malheur — *Discours sur l'inégalité* — elle peut encore faire son bonheur — *Contrat social.*

Car « *l'homme est sociable par sa nature, ou du moins fait pour le devenir* » dit la profession de foi du vicaire savoyard (*É*,354), résolvant ainsi définitivement la fausse antinomie qu'on a voulu trouver chez Rousseau entre nature et société.

Et c'est bien en termes politiques que se pose le problème du sens de la destinée humaine :

L'homme naturel est tout pour lui ; il est l'unité numérique, l'entier absolu, qui n'a de rapport qu'à lui-même ou à son semblable. L'homme civil n'est qu'une unité fractionnaire qui tient au dénominateur, et dont la valeur est dans son rapport avec l'entier, qui est le corps social. Les bonnes institutions sociales sont celles qui savent le mieux dénaturer l'homme, lui ôter son existence absolue pour lui en donner une relative, et transporter le moi dans l'unité commune ; en sorte que chaque particulier ne se croie plus un, mais partie de l'unité, et ne soit plus sensible que dans le tout.   *(É,9)*

III

NI RETOUR EN ARRIÈRE...

AINSI, parler de hiatus, d'inconséquence entre les *Discours* et le *Contrat*, revient à méconnaître le sens essentiel de la pensée de Rousseau — « [...] *il n'y a point, comme le prétendent tant d'historiens, de contradiction ni même de désaccord entre la description de l'état de nature et l'apologie de l'état civil, entre le* Discours sur l'inégalité *et le* Contrat social », dit très justement Robert Derathé encore (*ŒC*,III,1450) [38] —, revient à commettre de nouveau l'erreur (à moins qu'il ne s'agisse plutôt d'irritation, de jalousie professionnelle, devant l'étoile montante de ce rival, ou encore plus vraisemblablement de l'affolement du bourgeois, du possédant [39] devant le frémissement et l'intransigeance d'une pensée furieuse qu'il s'agit donc de déconsidérer, de vider de son sérieux, en la réduisant, en manquant sans aucun doute délibérément son sens, à ce qu'elle n'est pas) que faisait Voltaire dans ce désinvolte tour de passe-passe (mais on pourrait aussi parler de pitoyable pitrerie) qu'est la lettre qu'il adressait à Rousseau le 30 août 1755.

En l'auteur du *Discours sur l'inégalité*, en effet, il ne voulait voir qu'un inconsistant idéaliste, qu'un attardé, qu'un sot, au mieux un rêveur dangereux [40] : Rousseau refusait la société, condamnait la civilisation, blasphémait les Lumières — un véritable iconoclaste pour l'auteur du *Mondain*, en 1736 (qui est beaucoup plus qu'une pochade ou que la grimace d'un arriviste grisé), comme pour celui de l'article « Homme » en 1771 [41].

À ces malveillances ou à ces blocages — Diderot qui tranquillement affirme : « *Rousseau n'est de bonne foi que quand il quitte* [*la plume*] *: il est la première dupe de ses sophismes* [...] *Sa philosophie, s'il en a une, est de pièces et de morceaux* » [42] —, à ces contre-vérités, on préférera opposer l'assurance du principal intéressé : « *Je ne tardai pas à sentir en lisant ces livres* [ceux de Jean-Jacques] *qu'on m'avoit trompé sur leur contenu, et que ce qu'on m'avoit donné pour de fastueuses déclamations, ornées de beau langage, mais décousues et pleines de contradictions, étoient des choses profondément pensées et formant un système lié qui pouvoit n'être pas vrai, mais qui n'offroit rien de contradictoire.* » (RJ3,930). (Pathétique presque cet acharnement à repousser la moquerie tenace, le persiflage sempiternel — « contradiction » — comme le taureau charge sans relâche l'affolante étoffe rouge, cette obstination, seul au milieu du cercle des railleries « philosophiques », à plaider pour un sens, pour une cohérence.)

Et Jean-Jacques, loin d'être un passéiste qui voudrait retrouver, par une marche à rebours, un bonheur identique à celui du primitif, travaille sur le présent en préparant l'avenir et, loin de spéculer dans l'abstrait, ne pense qu'en fonction du concret, qu'en vue d'une pratique. S'il en était autrement, à quoi bon l'*Émile* — et à quoi le *Contrat* ? Comprendre cela, c'est comprendre que toute sa pensée, toute sa recherche anthropologique sont nécessairement destinées à s'accomplir dans la réalité, dans l'épaisseur d'un présent, puisqu'il prétend par elles offrir à l'homme l'occasion de reconquérir ce bonheur qu'il n'a su que perdre. Et, maintenant que l'homme se définit, bon gré mal gré, par son appartenance à une société, il n'est pas de bonheur possible, d'adé-

quation véritable de l'individu à lui-même et aux autres, sans
un juste contrat social.

*
* *

Rien de plus faux en effet que de s'imaginer que Rousseau a élu le primitif comme unique souci de son étude et
de son ambition, au détriment de cet « homme de l'homme »
qui est après tout la réalité d'aujourd'hui et dont il faut bien,
tout corrompu qu'il est, s'accommoder. Car c'est tout au
contraire par la lumière qu'elle permet de jeter sur la nature
universelle et inaltérable de l'homme — et non sur la réalisation particulière de cette nature à un moment donné, pré-
historique en l'occurrence, du temps — et par conséquent
sur la situation actuelle de l'humanité en référence à cette
nature (occultée mais présente) que l'étude du primitif prend
sa valeur ; ce dernier n'est pas le terme de la perspective,
mais un relais de la pensée, la figuration, expérimentale, la
moins obscure et la plus parlante [43] d'une vision, et par conséquent un miroir, un révélateur où le civilisé découvrira son
mensonge ; ainsi, en même temps qu'il offre une clef extrêmement précieuse pour la compréhension du psychisme de
Rousseau, le thème de l'homme naturel est essentiellement
pour lui, dans l'organisation de sa pensée, une hypothèse de
travail, la mise en formes, en formules, de cette pensée. Ce
n'est pas l'histoire de l'homme que fait Rousseau, au sens où
l'histoire consiste à relier en une continuité des événements
isolés, au nom d'un sens *a priori* présent dans cette continuité
elle-même et donné comme progrès et légitimité, il ne s'agit
pas d'une reconstitution de son évolution, d'une narration à

plat de cette longue marche, par une remontée dans le temps qui s'appuierait sur des faits, des documents, des témoignages, des chroniques considérés comme autant de points de prise incontestables et sans mystère, véridiques, puisqu'il faut au contraire, pour retrouver la véritable nature de l'homme, son être authentique, provisoirement humilié et éclipsé par son être social, mais inaltérable et indépendant du mouvement fourvoyé de l'histoire, commencer par « *écarter tous les faits* [...] *oubliant les tems et les Lieux* » (*DO*,132-3) — c'est ce que n'ont fait ni Grotius, dont la « *plus constante maniere de raisonner est d'établir toujours le droit par le fait* » (*CS*,353), ni Aristote qui « *prenoit l'effet pour la cause* », et c'est à cette erreur initiale de méthode (celle-ci jamais innocente, qui dénonce ce qui l'a produite autant qu'elle annonce ce qu'elle produit) que sont dues les aberrations de leurs systèmes. Dès le début du premier Discours, Rousseau avait dit vouloir « *étudier l'homme et connoître sa nature, ses devoirs et sa fin* » (*DS*,6). C'était la définition d'une anthropologie morale — « *Mon sujet intéressant l'homme en général* » (*DO*,133) — qui passerait nécessairement par une archéologie inévitablement narrative et « poétique » de l'homme primitif.

Car comprendre le sens de l'évolution humaine et non plus se contenter, comme Hobbes ou Grotius (mais ils avaient leurs raisons — justifier le système monarchique et légitimer l'organisation hiérarchique de la société), de décrire et relier ce qui est sous les yeux, offert, et qui accapare, aveugle le regard — arbre qui cache la forêt — ou, au mieux, d'interpréter les enseignements, les « témoignages » de l'expérience directe ou indirecte (ce qui revient à les entériner, à confondre réalité et vérité) suppose un point de vue unificateur, un point de référence qui ménage au jugement le recul nécessaire, un critère incontestable qui permette de dominer et

de rassembler les faits de l'analyse et surtout d'en trouver
l'articulation véritable, de ne pas confondre chronologie et
signification, histoire et morale[44] ; et ce critère, qui naît de
la conviction intime de Rousseau[45] et dont par-delà Dieu est
le sûr garant[46], c'est l'hypothèse de l'homme primitif qui
permet de le figurer, de le représenter le plus commodément,
de le fixer dans les mots, les images et les tableaux à l'usage
de ceux qui ont besoin des yeux du corps parce qu'ils n'en-
tendent pas la voix de la conscience. Exigence de méthode
en vérité. Qui organise l'œuvre, même si elle peut sembler
créer, au niveau du langage, des malentendus qui, en fait,
n'en sont pas[47].

Fiction, hypothèse de travail vraiment, et non situation
réelle vers laquelle il nous faudrait retourner — ce sont des
« *raisonnemens hypothétiques et conditionnels* » (*DO*,133) qui
constituent le deuxième Discours. La lumière que suscite
l'étude du primitif se porte finalement sur l'homme des sociétés modernes. L'état de nature est un « *État qui n'existe plus,
qui n'a peut-être point existé, qui probablement n'existera
jamais, et dont il est pourtant necessaire d'avoir des Notions
justes, pour bien juger de nôtre état présent* » (123). « *Si l'état
de nature n'est pas une époque historique mais une hypothèse de travail, c'est une hypothèse de travail faite pour
comprendre l'homme historique ; si l'état de nature ne représente pas "la véritable origine" il se présente comme une origine hypothétique* », écrit avec raison Henri Gouhier[48].

Dans le commentaire qu'il donne du deuxième Discours,
Jean Starobinski cite cette phrase de Claude Lévi-Strauss :
« *L'homme naturel n'est ni antérieur, ni extérieur à la
société ; il nous appartient de retrouver sa forme, immanente
à l'état social hors duquel la condition humaine est inconcevable* », qui établit clairement, ne serait-ce que par ana-
logie, que la recherche de Rousseau n'est pas historique (donc

susceptible d'être traitée de passéiste) mais qu'elle est bien une archéologie de l'homme, une anthropologie [49]. Et le *Contrat social* sera un essai pour définir une structure politique qui intègre cette anthropologie au lieu d'en violer les conclusions.

« [...] *l'état social hors duquel la condition humaine est inconcevable* », écrit Cl. Lévi-Strauss. A-t-on assez remarqué que le premier Discours avait été donné par « un citoyen de Genève », le second par « Jean-Jacques Rousseau, citoyen de Genève », et que c'est à cette même ville qu'est dédié l'ouvrage ? C'est au nom de son appartenance à un certain type de société, à une certaine conception des rapports entre les hommes — « *Plus je réfléchis sur votre situation Politique et Civile, et moins je puis imaginer que la nature des choses humaines puisse en comporter une meilleure* » (*DO*,115), écrit-il aux dirigeants de la république genevoise —, en s'établissant, dans les premiers jours d'août 1754 (se rétablissant plus exactement, puisqu'il l'a quittée, qui plus est, volontairement, délibérément), comme citoyen d'une nation, comme membre d'une société, que Rousseau entreprend un examen moral des structures et des institutions sociales. Appartenance fondamentale — Henri Guillemin en parle comme de « *la vérité première et capitale qu'il faut connaître sur Jean-Jacques, sous peine de ne rien comprendre à son œuvre* » (p. 6 [21]) — qui lui fait mesurer l'écart entre démocratie et monarchie, entre la situation de sujet et celle de citoyen, entre la véritable jungle [50] où existe le premier et la paix où vit le second, entre le droit de parler et le devoir de se taire, entre la liberté qui constitue l'homme et l'oppression, l'aliénation que celui-ci a instituées (n'oublions pas que Rousseau allait rendre visite à un prisonnier politique lorsqu'il connut son illumination). Ce n'est pas un anarchiste ou un misanthrope qui lancerait avec le *Discours sur l'inégalité* un pamphlet, un brûlot contre toutes les formes de société, mais un esprit auquel l'éloignement a rendu la lucidité, qui mesure l'exceptionnel privilège auquel il avait renoncé, victime exemplaire, comme le primitif déjà et selon le même schéma, de la tyrannie insidieuse de l'amour-propre, séduit par le mirage de la gloire, de la distinction, de la première place, et qui maintenant s'honore d'appartenir par ses racines à un état juste parce que l'expérience lui a enseigné que le sort des peuples dépend de ce que sont leurs gouvernements, que les bonnes institutions font des citoyens accomplis et responsables, et les mauvaises des sujets malheureux et humiliés [51], et qui par conséquent cherche à comprendre la nature de cette différence qui sépare Genève du reste des États modernes. La réflexion morale rencontre nécessairement la politique sur sa route.

Aussi n'est-ce pas contre la société, contre le concept de société, qu'est dirigée l'âpreté du Discours de 1755, mais, de manière plus constructive, contre certaines pratiques vicieuses de la société, certains types d'institutions politiques qui, fondés au seul profit des privilégiés, des plus forts, dépouillent les individus de leurs droits et bafouent la nature [52], alors que, comme le dit très justement Pierre Burgelin, « *la cité n'existe qu'en vue du bien de l'homme, c'est-à-dire son accomplissement comme volonté éclairée* » (p. 26 [13]). Il y a là une antinomie qui ne devrait pas être, et c'est de cette interrogation fondamentale que Rousseau prend conscience quand, à Paris, il se souvient de Genève.

Il est venu vivre à Paris, mais c'est Genève qu'il revendique, en tête de ses Discours, comme l'inspiratrice de cette illumination dont toute son œuvre est une tentative de restitution à l'usage des autres. Et la même attitude sera reprise au début du *Contrat* : « *Né citoyen d'un État libre, et membre du souverain,* [...] *le droit d'y voter suffit pour m'impo-*

ser le devoir de m'en instruire. » (*CS*,351). Au milieu de la
corruption générale, Genève représente une exception, un îlot
miraculeusement préservé de fidélité à la voix de la nature,
c'est-à-dire à l'idéal de la justice ; et cela est si vrai qu'on
peut dire avec Henri Guillemin que les primitifs, loin d'être
localisés dans un lointain passé (et que par conséquent il
faudrait rétrograder pour rejoindre) sont parmi nous —
« [...] *la Dédicace [...] fait des petites gens de Genève les
primitifs selon son cœur. L'homme d'aujourd'hui le moins
éloigné de ce qu'était l'humanité dans son premier état, providentiel, ce n'est plus l'homme nu des bois ou des savanes,
mais ce survivant de la simplicité des vieux temps qui existe
encore dans les rues pauvres de Genève* » (pp. 15-6 [21]) [53]. C'est
à Genève que sont le bonheur et la justice, parce qu'elle a su
réaliser une société de primitifs, concilier ce que la faillite
du progrès humain tendait à faire considérer comme des
inconciliables — cela, ce privilège qui de naissance était le
sien, Rousseau le comprend quand il est à Paris, parjure,
renégat, lui aujourd'hui comme autrefois le primitif, ayant
préféré la servitude du courtisan du succès à la liberté du
citoyen. Salutaire dessillement : Genève, sa propre ville
(même s'il en a une vue plutôt idéalisée — c'est à Genève
que sera brûlé ce *Contrat social* qui la prenait, paraît-il, pour
modèle —, même si l'année 1763 le verra de nouveau abandonner la cité et choisir une autre naturalité), atteste à Rousseau que toutes ses intuitions sont justes, que l'homme est
bon par nature et la société bonne pour lui, et que la tâche
la plus urgente, tâche de progrès véritable, est désormais de
rattraper les erreurs passées ; en ouvrant de nouvelles ave-
nues et non en essayant de retrouver de vieux sentiers pitto-
resques mais qui ne mènent plus nulle part.

    « *Barbarus hic ego sum* » portait fièrement en épigraphe
le *Discours sur les sciences et les arts* ; c'était le premier

mouvement d'une recherche optimiste et d'une réponse dynamique à l'appel du sang, de la terre natale, ici exactement confondu avec la voix de la conscience, c'est-à-dire avec celle de Dieu — la vraie Patrie ; le premier moment aussi de la réconciliation de Rousseau avec lui-même (fût-ce au prix d'un malentendu avec Genève) dont le *Contrat*, qui veut réconcilier activement nature et société, sera l'accomplissement au niveau collectif, autrement dit politique.

Aussi l'entreprise de Rousseau n'est-elle pas de régression mais de progrès — mais progrès de l'homme et non pas d'abord du bien-être et des choses. Il s'agit désormais d'aménager une nouvelle société politique qui intègre les exigences de la morale, puisque l'expérience, livresque mais aussi personnellement vécue, a montré dès longtemps que « tous ces vices n'appartiennent pas tant à l'homme qu'à l'homme mal gouverné ». L'objet de la quête, ce n'est pas l'homme de la pré-histoire, mais l'homme nouveau, celui qui aura pour nom Émile ou le citoyen (selon la situation du pays qui sera le sien), celui qui doit se faire avec et au milieu de ses semblables. Et que la voie qui mène à cette authentique révolution, non contente de s'appuyer sur plusieurs signes (Genève, les Romains du premier Discours) qui confirment à Rousseau la vérité de son intuition (confirmation illusoire, par défaut d'analyse, mais la vérité de la thèse — le droit primant à juste titre le fait — n'en est pas infirmée pour autant), remonte d'abord jusqu'à l'origine des temps pour en exhumer l'homme primitif, ne change rien au fait que c'est à l'homme policé, sinon politique, que s'adresse Rousseau à partir de 1760, lorsqu'il s'agit pour lui d'engager la phase constructive de son entreprise.

*
* *

Que cette œuvre n'est absolument pas tournée vers le passé, que ce n'est pas un rétrograde retour à l'animalité qu'elle propose, et donc une condamnation de la politique au nom de la morale selon le schéma malhonnête et faux qu'ont choisi d'y voir ses adversaires, Rousseau lui-même l'a souvent et avec force répété ; et ceux qui s'y sont trompé l'ont bien voulu ou ne l'ont pas lu.

Dans le premier Discours déjà, à l'époque où la brusque révélation de la voie corrompue où il se fourvoyait le mène à une exaltation, à un sommet de dégoût qui tournent à l'outrance, à l'iconoclastie véritables dans la bouche de Fabricius, et qui auraient pu dégénérer en une condamnation aveugle et sans appel de l'idée même de société — préférence du fait au droit qui aurait fait vider le bébé avec l'eau du bain —, Jean-Jacques avait une assez claire vision ou intuition de la fin de son travail pour prévenir l'ardeur critique des zélateurs du progrès, des philosophes, et il les avertissait en ces termes de ne pas bondir à des conclusions hâtives : « [...] *gardons-nous d'en conclure qu'il faille aujourd'hui brûler toutes les Bibliothéques et détruire les Universités et les Académies. Nous ne ferions que replonger l'Europe dans la Barbarie* [...]. [...] *on n'a jamais vû de peuple une fois corrompu, revenir à la vertu.* [...] *Laissons donc les Sciences et les Arts adoucir en quelque sorte la férocité des hommes qu'ils ont corrompu* [...]. » (*DS* [Observations], 55-6). Et encore plus clairement dans une note du deuxième Discours : « *Faut-il détruire les Sociétés, anéantir le tien et le mien, et retourner vivre dans les forêts avec les Ours ? Conséquence à la maniére de mes adversaires, que j'aime autant prévenir que de leur laisser la honte de la tirer.* » (*DO*,207).

Étant entendu que loin de prêcher une régression pré-
tendument (mythiquement) purificatrice vers on ne sait
quelle « barbarie » — « *On ne quitte pas sa tête comme son
bonnet, et l'on ne revient pas plus à la simplicité qu'à l'enfance ; l'esprit une fois en effervescence y restera toujours,
et quiconque a pensé pensera toute sa vie* »[54] (Jean-Jacques
non seulement prétend être du côté de la vérité, mais le bon
sens est avec lui...) — c'est au contraire « la cause de l'humanité », nécessairement décrite et située dans un présent, que
Rousseau a pris sur lui de défendre, on comprend dès lors
que l'idée essentielle, celle qui sous-tend ces remarques en
forme de réfutation, celle qui va ouvrir à l'homme le champ
d'un nouvel apprentissage de soi-même, c'est celle-ci qu'il n'y
a pas de conflit de principe entre nature et société, et que
si jusqu'ici la politique a exclu la morale et la culture trahi
la nature, il ne s'ensuit pas que cela soit dans l'ordre.

Conjuguer politique et morale, voilà justement ce que
bien des belles âmes, bien des grands esprits philosophiques
ne pouvaient admettre, qui savaient trop que l'établissement
d'un ordre véritable, c'est-à-dire selon la justice, signifiait
nécessairement la disparition du désordre établi et légalisé,
et par conséquent la fin d'un régime social dont ils tiraient
philosophiquement bien des bénéfices. On préférera fermer
les yeux à la solution que les Discours avaient mis Rousseau
à même de dégager, on parlera d'une inadmissible et sacrilège contradiction là où le citoyen de Genève laissait voir la
réalisation de la plus grande harmonie, et Voltaire le félici-
tera d'avoir « employé tant d'esprit à vouloir nous rendre
bêtes ! » Rousseau aura beau, deux mois plus tard, le 10 septembre 1755, recourir au bon sens des arguments de Sénèque
et des moralistes latins — « [...] *il vient un tems où le mal
est tel que les causes mêmes qui l'ont fait naitre sont neces-
saires pour l'empêcher d'augmenter ; c'est le fer qu'il faut*

laisser dans la playe, de peur que le blessé n'expire en l'arrachant. » (à Voltaire, *ŒC*,III,227) —, il aura beau plus tard encore se faire catégorique — « [...] *la nature humaine ne retrograde pas et jamais on ne remonte vers les tems d'innocence et d'égalité quand une fois on s'en est éloigné* [...]. » (*RJ3*,935) —, rien n'y fera. Qui veut tuer son chien l'accuse de la rage ; la conduite des philosophes envers Rousseau n'obéit pas à des motifs bien élevés. L'ennui est que leurs éclats de voix auront réussi pour longtemps à dissimuler l'œuvre peut-être la plus haute du XVIIIe siècle.

*
* *

Mais aujourd'hui les choses ont été remises à leur place. Nous savons que l'opposition de fait laisse place à une conjonction de droit... Car de ce conflit qu'il a mis en lumière, mais qui n'est pas fondé en nature, Rousseau propose avec le *Contrat* une solution dynamique, à savoir la politique comme accomplissement de la morale. L'antinomie qu'avait révélée le Discours de 1755 entre nature et société, loin d'être irréductible et de justifier une fuite au désert (ou à l'ermitage), peut être résolue et demande à être dépassée ; l'exemple de la constitution de Genève n'est-il pas d'ailleurs la meilleure assurance que cette solution existe ? **Mais ici Rousseau se leurre :** la force du repentir qu'il conçoit de ses égarements mondains et parisiens l'a amené à idéaliser Genève, à croire qu'en quelque sorte la théorie du *Contrat* est le reflet direct de la pratique genevoise, que l'une et l'autre sont animées du même esprit ; mais si Genève vaut peut-être mieux que la monarchie française, elle correspond en fait si peu au

portrait qui était fait d'elle dans la Dédicace du second Discours qu'elle fut, nous l'avons signalé, la seule ville en Europe
à condamner au bûcher l'ouvrage de Rousseau ; réaction en
fait compréhensible car, comme le dit R. Derathé, « *en faisant
l'éloge des institutions de son pays, Rousseau propose, en
réalité, d'y faire une révolution* » (ŒC,III,CXIII).

Que la vision de cette solution soit ou non fondée sur un
exemple erroné, elle n'en existe pas moins, et avec le *Contrat*
— auquel il faut joindre l'*Émile* et la *Nouvelle Héloïse*, ces
trois œuvres ensemble inventant un monde et une éthique —
Rousseau aborde la phase proprement constructive de son
effort. Parce qu'il a foi en l'homme, parce qu'il tient cette
certitude que celui-ci est naturellement bon (et c'est cette
certitude justement qui aurait dû prévenir la rhétorique
pessimiste qui le faisait parler en 1750, comme nous l'avons
indiqué, d'une corruption irréversible de l'homme), que par
conséquent sa dépravation présente n'est pas une perversion
définitive, une chute irrémédiable (nous maintiendrons que
c'est là la pensée, la foi si l'on préfère, véritable de Rousseau,
même s'il a conscience que les comportements de la *Nouvelle
Héloïse*, l'éducation de l'*Émile* et la société du *Contrat* sont,
et en tout cas pour très longtemps encore, du domaine de
l'utopie) et que sous le travestissement on peut retrouver la
vérité oubliée de l'être. Parce qu'il a foi en Dieu Rousseau a
foi en l'homme, et en 1762 il l'appelle, individuellement et
collectivement, à se retrouver, parce qu'il sait qu'il peut
encore, s'il le veut, agir selon sa nature et (r)établir justice
et bonheur.

« *Je veux chercher si dans l'ordre civil il peut y avoir
quelque regle d'administration légitime et sûre, en prenant
les hommes tels qu'ils sont, et les loix telles qu'elles peuvent
être* » (*CS*,351), tel est le but que s'assigne l'auteur du *Contrat
social* : il s'agit de surmonter une contradiction illégitime

entre une nature (« *les hommes tels qu'ils sont* ») et une
situation politique qui nie cette nature, et qu'il faut en conséquence modifier selon les exigences de la morale — « *les loix
telles qu'elles peuvent être* » ; étant entendu que l'homme
n'est homme que par le rapport avec ses semblables, que par
leur société, il faut jeter les bases d'une cité authentique,
c'est-à-dire qui intègre la nature inaliénable de l'individu (le
respect et l'exercice de sa liberté) aux objectifs du groupe,
une cité qui serait une reproduction multipliée de la famille
naturelle où « *tous étant nés égaux et libres n'aliénent leur
liberté que pour leur utilité* » (352) ; il faut en somme faire
de la morale (qui est respect de la nature, qui n'est rien
autre que la voix de la nature) une politique [55] ; c'est un principe que l'*Émile* présentait déjà comme un impératif catégorique : « [...] *il faut étudier la société par les hommes et
les hommes par la société : ceux qui voudront traiter sépa-
rément la politique et la morale n'entendront jamais rien à
aucune des deux* » (*É*,279) [56]. Ce que David Williams encore,
dans la modestie de son étude, a très bien vu et formulé :

Rousseau's vision for man's future lies not in a retrogressive
recreation of the long-past state of nature, but in imitating as
closely as possible the virtues of that state by the creation of a
suitable moral-political environment. The ultimate test for the
authentic political institutions lies in its effectiveness as an instrument for restoring the individual to himself... As a moralist,
Rousseau contemplates in *Du Contrat Social* the conditions which
would exist ideally in a just society which, whilst enabling men
to live together, would at the same time guarantee their equality,
their liberty, and their moral integrity, counteracting thereby the
trends analysed in the two Discours. [57]   (p. 139 [35])

Ce que tente Rousseau, ce n'est donc pas un retour stupide et sacrilège — « *l'ordre social est un droit sacré* »
(*CS*,352) — vers une préhistoire par définition impossible à

reconquérir en tant que telle, mais un changement d'orienta-
tion, une réconciliation dynamique de la nature et de la
culture humaines, la réalisation originale de cette nature
retrouvée dans la culture particulière du XVIIIᵉ siècle occi-
dental. Et cette œuvre est si cohérente et méthodique que
trois niveaux possibles sont proposés à cette réconciliation,
à cette conquête d'un nouveau monde ou d'un nouveau mode
d'être : celui de l'individu, et c'est le sujet de l'*Émile* —
« *Émile n'est pas un sauvage à reléguer dans les déserts, c'est
un sauvage fait pour habiter les villes* »[58] —, celui de la
famille, groupe humain de base, que développe la *Nouvelle
Héloïse*, celui de la société enfin, thème du *Contrat*.

Ce que confirme une lettre au libraire Duchesne du
23 mai 1762 où, parlant du *Contrat*, Rousseau dit que cet
ouvrage « *doit passer pour une espèce d'appendice* » à
l'*Émile*, et que « *les deux ensemble font un tout complet* ».
D'où l'on peut, si l'on veut, comprendre qu'il y a de l'un à
l'autre ouvrage gradation, que l'*Émile* serait une préparation
au *Contrat* ou celui-ci une mise en pratique particulière, en
certaines circonstances, du premier ; thèse possible, même si
c'est dans un dessin utopiste qu'elle s'inscrit (puisque la
réalisation effective en est pour le moins très lointaine et
incertaine). Plus vraisemblablement cependant, il s'agit de
deux possibilités différentes, et le point d'application de la
théorie à la pratique est ici plus réaliste : si l'on se souvient
de ce que disait Rousseau en 1751, qu'« *on n'a jamais vû de
peuple une fois corrompu, revenir à la vertu* » (*DS*,56), il faut
en conclure que le *Contrat* ne concerne que les États de
petites dimensions où la collectivité, en raison de cette exi-
guïté même, peut encore être conçue comme un tout orga-
nique et cohérent, mais qu'il ne peut s'adresser à de grands
États comme la France, où la corruption a fait son œuvre, et
où, en conséquence de quoi, aucune autre forme de rédemp-

tion n'est possible que personnelle, au niveau de l'individu et en dépit de la société et de la situation politique existantes ; ce sont en fait deux traitements adaptés à la gravité de chaque cas, complémentaires mais en théorie, sinon en pratique (on peut toujours rêver...) étanches, que proposent l'*Émile* (à la perspective duquel on lierait alors le projet de la *Nouvelle Héloïse*) et le *Contrat*.

Nous parlons de rédemption, de réconciliation ; dans sa présentation du *Contrat social* Henri Guillemin se déclare d'accord avec M. Boutroux selon qui Rousseau distingue dans « *l'histoire théorique et mythique de l'humanité "trois phases que l'on peut symboliquement caractériser par ces mots : innocence, péché, rédemption"* » (p. 16 [21]) [59], et souligne la similitude entre cette analyse au niveau de l'espèce et l'aventure personnelle de Jean-Jacques. Perspective très juste : Rousseau n'a rien de commun avec le Diderot qui rêvait de fixer *l'homme civilisé entre l'enfance du sauvage et notre décrépitude*. Si cet état intermédiaire a bien existé dans le cours de l'histoire, l'évolution ultérieure des choses en a complètement modifié la signification : ce qui était aventure et invention de l'humanité, dangereuse, à ses risques et périls, dans l'inconnu, n'avait en fait historiquement de sens que par ce que, bon ou mal, il préparait et qui devait nécessairement le continuer, le prolonger, le dépasser et en quelque sorte l'annuler. Il ne s'agit donc pas de trouver un compromis, de définir un moyen terme qui ne consisterait guère qu'à émonder des excès et à ouvrir les vannes d'une satisfaction anarchique à des instincts bridés et brimés par les conventions et les masques de la civilisation, il n'est pas question de refuser ou de trahir une histoire qui, si elle a tort, ne nous en a pas moins constitués : mais il s'agit de réaligner l'histoire sur la morale, c'est-à-dire pour l'homme de retrouver un Dieu à la voix duquel, dans un mouvement d'orgueil mesquin, il s'est fait sourd, et, pour l'espèce, de consciemment reconquérir une justice à l'origine spontanément vécue.

« *Jamais on ne remonte vers les temps d'innocence...* » (*RJ3*,935), disait Rousseau. Si elle fut peut-être incarnée dans un moment du passé, dans la préhistoire ou au début de l'histoire la désignation ne fait rien à l'affaire, cette innocence est en réalité immanente à notre nature, ni en arrière ni en avant, et si elle peut être reconquise, ce n'est pas par un renoncement à notre qualité d'être civil(isé) mais par un mouvement prospectif de la volonté droite. C'est un progrès que demande Rousseau, mais de l'homme, non des choses, mais au niveau moral et non technique.

*
* *

Or, comme dit Pierre Burgelin, « *la politique est d'abord une morale, elle accomplit l'homme, qui est volonté, raison, conscience, sentiment, et non simplement besoin et passion* » (p. 17 [13]). Prenant appui sur les conclusions des Discours, sur cette indispensable mise au jour des caractères de la personne humaine et de leur négation par les sociétés modernes, le *Contrat social* se propose d'accomplir la morale au niveau politique, c'est-à-dire de jeter les bases d'un État juste qui soit pour l'homme un moyen de se faire tel que Dieu a voulu qu'il soit. Un programme dont le passage suivant de l'*Émile* analyse toutes les conditions et tous les objectifs :

Il y a deux sortes de dépendances : celle des choses, qui est de la nature ; celle des hommes, qui est de la société. La dépendance des choses, n'ayant aucune moralité, ne nuit point à la liberté, et n'engendre point de vices : la dépendance des hommes étant désordonnée les engendre tous, et c'est par elle que le maître et l'esclave se dépravent mutuellement. S'il y a quelque moyen de remédier à ce mal dans la société, c'est de substituer la loi à l'homme, et d'armer les volontés générales d'une force réelle, supérieure à l'action de toute volonté particulière. Si les lois des nations pouvaient avoir, comme celles de la nature, une inflexibilité que jamais aucune force humaine ne pût vaincre, la dépendance des hommes redeviendrait alors celle des choses ; on réunirait dans la république tous les avantages de l'état naturel à ceux de l'état civil ; on joindrait à la liberté qui maintient l'homme exempt de vices, la moralité qui l'élève à la vertu.   (*É*,70-1)

Force, ou faiblesse, de l'utopie, mais surtout cohérence, utilité et nécessité de l'utopie... Il était juste que dans cette étude où l'étudiant a toujours voulu que se fît entendre d'abord la voix de Jean-Jacques, le dernier mot appartînt à Rousseau.

NOTES

1. Quand nous nous proposons ici de ré-infléchir (par amour) à notre tour, dans une perspective plus large, un « gauchissement » vraisemblablement né lui aussi de l'amour, nous n'entendons nullement prendre à un piège inutile (mais quand même...) R.-G. Schwartzenberg (qui est certainement le premier, ses travaux l'attestent, à connaître cette perspective) mais souligner que l'éclatant Rousseau qui « éclate » dans cette présentation tactique s'en retrouve du même coup éclaté, et profiter par conséquent de cette occasion pour mettre en évidence la cohérence qui unit les écrits de la mise en cause à ceux de la mise en œuvre, la rectitude dialectique d'une pensée.

2. R.-G. Schwartzenberg situe ce qu'il prend quand même soin de démarquer en le nommant « néo-rousseauisme », « *entre les pavés et les pavots, parmi les cent fleurs du Flower Power* ». Il doit pour cela négliger par exemple le militarisme de Jean-Jacques (puisque aujourd'hui la fleur n'est plus au fusil mais, en face de lui, le défie) et son admiration constante pour la Rome républicaine (Fabricius appelant à briser les statues et à chasser les poètes évoque d'étranges souvenirs en 1975) qui, fort loin d'un type de société libre, libérée ou permissive, ignorait le pavot et n'arrachait pas ses pavés.

3. Cf. : « [...] *en apparence autant de pas vers la perfection de l'individu, et en effet vers la décrépitude de l'espéce* » (*DO*,171), « *Mon sujet intéressant l'homme en général* » (133) ; de la même façon l'Émile sera un mannequin de « *l'homme abstrait* » (*É*,12).

4. Pour Robert Derathé aussi le *Discours sur les sciences et les arts* est « *le premier [des] écrits politiques* » de Rousseau (Introduction au *Contrat social*, p. xcvi in *ŒC*,III).

5. Georges MAY, *Rousseau par lui-même* (Paris, Éd. du Seuil, Coll. « Écrivains de toujours » n° 53, 1961), p. 102 ; cf. aussi : « *La thèse de Rousseau était si contraire aux croyances du siècle de Fontenelle, de d'Alembert et de Condorcet, qu'il sentit le besoin de la reformuler et de la développer sans cesse, tantôt sous une face, tantôt sous l'autre, à travers toute l'œuvre didactique contenue en puissance dans l'illumination de Vincennes* » (*ibid.*, p. 50).

6. François BOUCHARDY, Introduction au *Discours sur les sciences et les arts*, p. xxxii in *ŒC*,III.

7. Sur la question particulière de ce qui s'est passé ce jour d'octobre 1749 sur la route puis au château-prison de Vincennes, voir George R. HAVENS, *ed.*, *Jean-Jacques Rousseau, Discours sur les sciences et les arts* (New York, The

Modern Language Association of America, 1946) et Victor GOLDSCHMIDT, « La Constitution du *Discours sur les sciences et les arts* de Rousseau », *Revue d'histoire littéraire de la France*, mai-juin 1972. — Il suffit enfin de remplacer « *les rapports de force* » par « les formes d'expression conjoncturelles et contingentes » pour pouvoir appliquer à Rousseau cette phrase que René Schérer écrit à propos de Fourier : « *Quel que soit le caractère partiel d'une expérience, l'idée qui l'anime est plus importante que le rapport des forces actuelles, une fois qu'elle a suscité une prise de conscience irréversible* » (*Fourier*, Paris, Seghers, Coll. « Philosophes de tous les temps » no 61, 1970, p. 10).

8. À Christophe de Beaumont, archevêque de Paris, mars 1763 (*ŒC* [Didot 1861], t. II).

9. Harold NICOLSON, *The Age of Reason* (1960) [Panther Books 1971]. À titre d'exemples : « *Being himself uneducated, his motto of "back to Nature" was a means of self-protection* [...] *His sensations were quick and volatile, but his mental capacity was cumbrous and slow* » (pp. 534-5), « *Rousseau's distrust of, and incapacity for, all rational thought, induced him to preach the doctrine that man was born free and equal* [...] » (p. 536). Plus récemment, combattant la thèse de Irving Babbitt qui dans son *Rousseau and Romanticism* (1919) faisait de Jean-Jacques un corrupteur des valeurs esthétiques et morales, un anarchiste et le chantre du retour à l'état de nature en même temps que l'initiateur d'un romantisme « décadent », Lester G. Crocker choisit de voir en Rousseau « *a misfit with paranoidal tendencies* » (« Professor Babbitt revisited », p. 272 in *"Études sur Jean-Jacques Rousseau"* [*Studies in Romanticism*, vol. 10, Fall 1971, no 4]).

10. A. CHUQUET, *J.-J. Rousseau* (Paris, Hachette, 1922) notamment pp. 72—84. Jules LEMAITRE, *J.-J. Rousseau* (Paris, Calmann-Lévy, [1907] 1922) ; on appréciera particulièrement les lignes suivantes, qui devaient enfin faire la lumière sur l'affaire du deuxième Discours : « *Tout simplement, c'est que son rôle le tient. C'est qu'il lui faut étonner les marquises, les fermiers-généraux et les philosophes. C'est qu'il lui faut surenchérir sur le* Discours sur les sciences et les arts. *Ah ! le pauvre homme, comme il s'y applique ! Ce n'est pas le paradoxe léger, si cher à son temps. C'est le défi à la raison, tout cru, tout nu et sans esprit, puisque Rousseau n'en a pas et qu'il est condamné au sérieux dans l'absurde... Que ce livre ait eu un tel retentissement et une telle influence, voilà une des plus fortes démonstrations qu'on ait vues de la bêtise humaine.* » (p. 118).

11. Cette fois-ci Rousseau était à l'unisson de tous les théoriciens du droit naturel, Grotius, Hobbes, Spinoza, Pufendorf, Locke, aussi bien que de Diderot (art. « CONSERVATION » de l'*Encyclopédie*) pour définir le premier principe, mais se retrouvait, à cette date, pratiquement isolé sur le second — *homo homini lupus* avait dit Hobbes. On pourra à ce propos méditer sur cette phrase de *Candide* : « *Nous allons certainement être rôtis ou bouillis. Ah ! que dirait maître Pangloss, s'il voyait comme la pure nature est faite ?* » et surtout sur la situation ambiguë dont elle est le commentaire (chap. XVI, [Garnier 1960] pp. 172-3 — cf. aussi chap. XXI, p. 189).

12. Même structure et même fonctionnement quelques lignes plus haut : « *Tous les progrès ultérieurs ont été en apparence autant de pas vers la perfection de l'individu, et en effet vers la décrépitude de l'espèce.* »

13. Pierre BURGELIN, Introduction au *Contrat social* (Paris, Garnier-Flammarion, 1966).

14. Pour mémoire : « *l'homme qui médite est un animal dépravé* » (DO,138), « *rendre un être méchant en le rendant sociable* » (162), etc.

15. « *O vous, à qui la voix céleste ne s'est point fait entendre* [...] *allez dans les bois perdre la vüe et la mémoire des crimes de vos contemporains, et ne craignez point d'avilir vôtre espéce, en renonçant à ses lumiéres pour renoncer à ses vices. Quant aux hommes semblables à moi* [...] *qui ne peuvent plus se nourrir d'herbe et de gland* [...] *qui sont convaincus que la voix divine appella tout le Genre-humain aux lumiéres et au bonheur des celestes Intelligences* [...] *ils respecteront les sacrés liens des Sociétés dont ils sont les membres* [...] *Ils obéiront scrupuleusement aux Loix, et aux hommes qui en sont les Auteurs et les Ministres* [...] *Mais ils n'en mépriseront pas moins une constitution qui ne peut se maintenir qu'à l'aide de tant de gens respectables qu'on desire plus souvent qu'on ne les obtient, et de laquelle, malgré tous leurs soins, naissent toujours plus de calamités réelles que d'avantages appparens.* » (DO,207-8, note IX). Tant de pierres soulevées pour en revenir à cette pratique conformiste et masochiste, tant de refus dévastateurs pour cet acquiescement sans joie — Rousseau ne se couvrait ici que pour se découvrir ailleurs, et ce furent de nouveaux sarcasmes, mais différents, qui accueillirent cette tentative de substituer aux harangues de l'illuminé la définition d'une pratique philosophique.

16. Cf. : « *Quoiqu'il se prive dans cet état de plusieurs avantages qu'il tient de la nature, il en regagne de si grands* [...]. » (CS,364).

17. « *Il seroit triste pour nous d'être forcés de convenir, que cette faculté distinctive, et presque illimitée, est la source de tous les malheurs de l'homme* » (DO,142), « *L'homme Sauvage et l'homme policé différent tellement par le fond du cœur et des inclinations, que ce qui fait le bonheur suprême de l'un, réduiroit l'autre au désespoir.* » (192). — Ici encore indubitablement chez Rousseau un certain flottement, une certaine ambiguïté sur le statut exact d'une Providence qui conduit nécessairement l'homme vers une fin à laquelle d'abord elle ne le destinait pas — on a envie de penser au commentaire que fait Pangloss (qui, pour Voltaire, est d'ailleurs aussi Rousseau) de la généalogie de la vérole.

18. Aux yeux justement de ces philosophes (après tout débutants et donc encore égocentriques) du XVIIIᵉ siècle ; mais ils oublient que ceux qu'ils nomment primitifs par opposition aux peuples policés ou civilisés ont en fait élaboré des formes spécifiques de société, et, européocentristes malgré tout, malgré le grand mot d'ordre de la relativité, jugent que les primitifs en sont encore à un stade pré-social de développement pour la seule raison que leurs cultures ne sont pas de type européen ; si bien que le paradoxe ne manque pas de charme : c'est au nom de ce mythe que Rousseau est anti-colonialiste ! — « *Si j'étois chef de quelqu'un des peuples de la Nigritie, je déclare que je ferois élever sur la frontiére du pays une potence où je ferois pendre sans remission le premier Européen qui oseroit y pénétrer, et le premier Citoyen qui tenteroit d'en sortir* » (DS, Dernière réponse, 90-1). (On se souviendra aussi que selon Voltaire les habitants de l'Eldorado « *ont fait vœu de ne jamais sortir de leur enceinte* » (Candide, éd. citée, chap. XVIII, p. 181).) Dans un article intitulé « Lumières et anthropologie », J. Biou

montre ainsi comment le discours du philosophe civilisé sur l'anthropophagie révèle la véritable « *anthropophagie* » des Lumières, qui ne peut que « *nier l'autre dans sa différence pour n'en retenir que ce qu'elle peut faire sien* » (*Revue des sciences humaines*, n° 146, 1972). Cf. Michèle DUCHET, *Anthropologie et Histoire au siècle des Lumières* (Paris, Maspero, 1971).

19. Cf. la lettre à Chr. de Beaumont : « *Le principe fondamental de toute morale, sur lequel j'ai raisonné dans tous mes écrits* [...] *est que l'homme est un être naturellement bon, aimant la justice et l'ordre ; qu'il n'y a point de perversité originelle dans le cœur humain, et que les premiers mouvements de la nature sont toujours droits* » (*loc. cit.*, pp. 759-60) ; voir aussi *DO, passim*.

20. Cf. : « *la pluspart de nos maux sont notre propre ouvrage* » (*DO*,138) ; « *l'homme n'a guéres de maux que ceux qu'il s'est donnés lui-même* » (202, note IX) ; « *Homme ne cherche plus l'auteur du mal ; cet auteur, c'est toi-même* [...] *Otez nos funestes progrès, ôtez nos erreurs et nos vices, ôtez l'ouvrage de l'homme et tout est bien* » (*É*,342) ; « *Insensés, qui vous plaignez sans cesse de la nature, aprenez que tous vos maux vous viennent de vous.* » (*C*,389).

21. Henri GUILLEMIN, Introduction au *Contrat social* (Paris, U.G.É., Coll. « Le Monde en 10/18 » n° 89-90, 1963).

22. Outre la présence des adverbes de la narration temporelle, on notera que Rousseau écrit : « *l'élever ensuite fort au-dessus de celle-là* », quand on aurait attendu, de la part de ce prétendu passéiste, « au-dessous », ou même, de manière plus neutre, quelque chose comme : « et qui l'ont ensuite considérablement éloigné de cette nature » ; c'est justement parce qu'il est plus sensible à l'espoir de demain qu'à la triste réalité d'aujourd'hui, et en fait plus tendu vers la réalisation dynamique de notre nature qu'enclin à lamenter de faux paradis, et que ce progrès qui nous a enlevés, pour toujours, à l'état primitif, s'il fut l'instrument de notre corruption, doit se révéler à long terme comme fondamentalement positif — parce qu'il est la condition et la voie nécessaires de notre destin.

23. Cf. : « [...] *chez toutes les Nations du monde, les progrès de l'Esprit se sont précisément proportionnés aux besoins, que les Peuples avoient reçus de la Nature, ou auxquels les circonstances les avoient assujetis* [...]. » (*DO*,143).

24. Rousseau donne comme exemples la hauteur des arbres, la concurrence des animaux, le danger que représentent certains d'entre eux, les différences des conditions, les variations climatiques, etc. La deuxième partie du Discours corrigeant ainsi les excès de plume ou les inconséquences de pensée de la première partie, Rousseau faisait donc siennes à l'avance les objections des Encyclopédistes — « *les seules nécessités de la vie rendent le commerce des autres nécessaire* » (art. « PHILOSOPHE ») — et de Voltaire — sans toutefois rien lâcher de l'essentiel : l'homme est naturellement bon, sa nature ne le promettait pas à notre socialisation.

25. Cf. : « *Sa premiere loi est de veiller à sa propre conservation* [...]. » (*CS*,352).

26. Cf. *CS* [I, VIII], 364, par exemple où, dans une seule page, on trouve les mots « *instinct - impulsion physique - appétit - animal stupide et borné* ».

27. Bien entendu, ne pas se laisser égarer par les connotations de cette notion et dire : « si le juste milieu est par définition un état d'équilibre parfait, c'est là le modèle auquel tendre ». Rousseau désire effectivement reconquérir un juste milieu — mais défini, dans les années 1760, comme une intégration dynamique des valeurs de nature au sein de la structure sociale, et par conséquent situé en avant, demandant création et non re-prise nostalgique.

28. N'y a-t-il pas un peu la même perversion, le même égarement chez Candide quand, ayant connu les joies de l'Eldorado, il dit à Cacambo : « *Si nous restons ici, nous n'y serons que comme les autres ; au lieu que si nous retournons dans notre monde, seulement avec douze moutons chargés de cailloux d'Eldorado, nous serons plus riches que tous les rois ensemble* », — et « *les deux heureux résolurent de ne plus l'être* » (éd. citée, chap. XVIII, p. 180).

29. À moins que Rousseau ne veuille dire : « la liberté telle qu'elle fut réalisée, pratiquée aux temps primitifs », « *détruisirent sans retour la liberté naturelle* » est encore une de ces formulations excessives que nous signalions ; car notre nature, inaltérable, n'a pas été anéantie par la société mais provisoirement occultée et refoulée ; s'il en était autrement, l'*Émile*, *La Nouvelle Héloïse* et le *Contrat social*, qui se proposent, à des niveaux et en fonction de contextes différents, de la faire revivre, n'auraient aucun sens, aucune raison d'avoir été écrits.

30. La fête primitive, autour du feu, était célébration de l'unanimité, mais les fêtes modernes consacrent exemplairement la rupture et la solitude imposées par notre type de société — dont on pourra par exemple trouver une description très précise, très douloureuse chez John Berger (*Success and failure of Picasso* [Penguin books 1966], pp. 42–4) qui, coïncidence ? fait lui-même des mythes essentiels de la pensée de Rousseau une clef et un principe d'organisation de la personnalité de l'homme Picasso. — « *L'on croit s'assembler au spectacle et c'est là que chacun s'isole* » (*Lettre à M. d'Alembert sur les spectacles* [Droz 1948] p. 21) ; d'où la proposition, dans le même ouvrage, de la fête civique, rite magique pour retrouver, contre la fragmentation sociale, l'unanimité authentique de l'état naturel.

31. Il est vrai toutefois que Rousseau a contribué lui-même à sa légende ; Georges May le dit « *prisonnier de l'image qu'il a donnée de lui-même* » (*op. cit.*, p. 5).

32. Affirmation contestable ou exagérée, si l'on ne prend pas en considération les motifs que pouvait avoir Rousseau de l'avancer : il faut reconnaître que la « nullité » du primitif n'est nullement une thèse évidente du Discours, qu'il faut en fait l'y chercher, car elle s'y trouve effectivement, derrière la trop fameuse célébration de la nature dans le primitif, et qu'à première lecture il est aisé de confondre, sans aucune mauvaise foi, nature et état primitif, la thèse et son décor. Mais c'est que justement nous avons affaire ici à un de ces textes où Rousseau s'efforce de rectifier les propositions parfois trop ambiguës du Discours, de les réaligner dans la perspective d'ensemble dont il a maintenant une claire conscience, pour rendre, *a posteriori*, manifeste la cohérence d'abord hésitante de l'œuvre entière.

33. « [...] *tant qu'ils ne devinrent pas méchants, ils furent dispensés d'être bons* [...]. » *(FP,476)*.

34. Cf. encore : « *Si l'homme vivait isolé, il aurait peu d'avantages sur les autres animaux. C'est dans la fréquentation mutuelle que se développent les plus sublimes facultés et que se montre l'excellence de sa nature.* [...] *En un mot, ce n'est qu'en devenant sociable qu'il devient un être moral, un animal raisonnable, le roi des autres animaux, et l'image de Dieu sur la terre.* » *(FP,477)*.

35. David WILLIAMS, art. « ROUSSEAU », p. 144 in *French Literature and its Background. Vol. 3. The Eighteenth Century*, John Cruickshank ed. (London, Oxford University Press, 1968). — Selon Raymond Polin également, au bonheur de l'individu solitaire, Rousseau veut substituer « *le bonheur, renouvelé, renaturé, au sein de la vie en commun* » (*La Politique de la solitude, Essai sur Jean-Jacques Rousseau* [Paris, Sirey, 1971], p. 150).

36. *Op. cit.*, p. 253.

37. « *Sans doute aucun instinct naturel ne porte les hommes à vivre en société et la nécessité de vivre les incite plutôt à se fuir qu'à se rapprocher. Néanmoins la sociabilité correspond aux intentions de la nature ou aux volontés de la Providence* », commente R. Derathé (Introduction au *Contrat social*, p. XCIII in *ŒC*,III). Quant à Roger Daval, s'efforçant à son tour de caractériser ce statut à la fois clair et ambigu qui unit dans notre destin nature et société, qu'on comprend mais qu'il est si difficile de mettre en mots, les définitions oscillant toujours, sans qu'il y ait de leur faute, au bord de la contradiction, il propose la formulation suivante : « *Ainsi la société bien qu'artificielle est autre chose qu'une mise en rapport accidentelle d'individus ; c'est un être moral qui dépasse l'individu, qui est extra-naturel mais non anti-naturel ; c'est seulement quand il repose sur l'inégalité sociale qu'il devient anti-naturel et source de corruption.* » (*Histoire des idées en France* [Paris, P.U.F., Coll. « Que sais-je ? » n° 593, [1953] 1962], pp. 63-4).

38. On notera que c'est la perspective historiciste qui est à juste titre mise en cause ici comme source d'erreur ou génératrice de blocages.

39. Cette annotation en marge des premières lignes de la seconde partie du *Discours sur l'inégalité* : « *voyla la philosophie d'un gueux qui voudrait que les riches fussent volez par les pauvres* » (*ŒC*,III,1339), indique bien que Voltaire avait effectivement compris de quoi il s'agissait dans ce texte, et que c'est pour cela justement, parce qu'il avait compris, qu'il se dérobait au débat — afin de ne pas donner trop de publicité à des thèses aussi subversives, ou peur peut-être de ne trop savoir que leur répondre...

40. Dans *La Guerre de Genève*, en 1767, Rousseau sera « un sombre énergumène », « un ennemi de la nature humaine », et la lettre dont nous parlons disait déjà : « *J'ay reçu, monsieur, votre nouveau livre contre le genre humain* » (*ŒC*, III,1379) ; Pascal lui aussi, pour d'autres raisons bien sûr, était un « misanthrope » — décidément une injure bien commode pour le Philosophe Philanthrope.

41. C'est-à-dire pour un possédant, qui avait fini par forcer sa voie parmi les privilégiés de la fortune, et qui en fait ne décriait tant la structure aristocra-

tique que parce qu'on y préférait le sang à l'argent ; Voltaire, qui savait que toute puissance vient de l'argent, voulait en somme remettre les choses dans leur rapport logique — il en allait de son intérêt particulier. Bien que moins fortuné que lui, Diderot réagit comme Voltaire à l'égard de Jean-Jacques ; il n'est que de voir la rédaction, confiée à l'inoffensif Saint-Lambert, de l'article « LUXE » de l'*Encyclopédie* — mais le Discours de 1750 y avait par avance répondu : « *Le luxe peut être nécessaire pour donner du pain aux pauvres : mais, s'il n'y avoit point de luxe, il n'y auroit point de pauvres.* » (ŒC,III,79). — Et c'est peut-être parce qu'il avait compris lui aussi le danger que représentait Rousseau pour l'ordre des nantis que, comme Voltaire, Diderot s'appliquait à le déconsidérer en faisant de lui, douceureusement (ou par amalgame — puisque lui-même penche alors de ce côté) un prosélyte de ce qui ne s'appelle à ce moment-là plus la nature mais la barbarie. On a maintenant compris que justement non, le projet de Rousseau ne vise pas à mettre sur pied une espèce de société moitié policée et moitié sauvage, mais qu'il ne peut être qu'en avant et qu'il est on ne peut plus étranger à toute idée de compromis, de demi-mesure, puisque ce n'est certainement pas en ajoutant un peu de civilisation à un peu de nature qu'on peut inventer (plutôt que retrouver) le bonheur. — Au niveau des principes fondamentaux, les positions de Diderot et celles de Rousseau sont d'ailleurs en fait incompatibles, l'un défendant un naturalisme, l'autre une morale volontariste, l'un l'abandon, l'autre la volonté tendue — c'est toute la tension de la pensée tant politique et philosophique que morale de Rousseau.

42. *Réfutation d'Helvétius* (*Œuvres philosophiques* [Garnier 1956]), p. 576.

43. Et si Diderot a en quelque manière influencé Rousseau, ce n'est pas, comme il l'a prétendu, en lui soufflant l'axe thématique des Discours ou leur leçon que l'état du primitif est préférable à celui du civilisé, mais en l'intéressant aux images et aux symboles, spontanément poétiques, lyriques, dont se nourrit son rêve d'une vie plus naturelle ; rêve qui est aussi bien une figure de pensée familière aux philosophes du xviiie siècle ; l'ennui, pour Rousseau, est qu'on ait réduit chez lui la pensée à la figure, qu'on l'ait crédité de la création d'un mythe où il avait eu le simple tort d'un peu trop se reconnaître.

44. Ces lignes de Germaine Greer pourraient très bien représenter la méthode de Rousseau : « *The dogmatism of science expresses the status quo as the ineluctable result of law* [...] *The new assumption* [...] *is that everything that we may observe could be otherwise* » (*The Female Eunuch* (1970) [London, Paladin, 1972], p. 14).

45. Cf. : « *L'idée de l'homme naturel* [...] *en même temps qu'elle est une hypothèse pour expliquer l'évolution de l'espèce humaine, est pour Rousseau une façon de se comprendre et d'interpréter sa vie* » (GRŒTHUYSEN, *J.-J. Rousseau* [Paris, Gallimard, Coll. « Les Essais » n° 38, 1949], p. 17) ; et Rousseau lui-même : « *D'où le peintre et l'apologiste de la nature aujourdui si défigurée et si calomniée peut-il avoir tiré son modèle, si ce n'est de son propre cœur ? Il l'a décrite comme il se sentoit lui-même.* » (*RJ*3,936).

46. Henri Guillemin (*loc. cit.*, p. 14) rappelle ce commentaire de Parodi : « *L'idée de nature ne s'explique pas pleinement, chez Rousseau, en dehors de l'idée religieuse. La nature, c'est pour lui, sous forme d'instincts primitifs, l'expres-*

sion de la volonté même de Dieu et de ses intentions sur nous » (*Revue de métaphysique et de morale*, 1912, numéro spécial pour le deuxième centenaire de la naissance de Rousseau) ; cf. aussi ses notes 8 et 9.

47. Comme celui-ci que relève Georges May, mais en lui refusant justement tout caractère paradoxal : « *Rousseau, ayant eu directement accès à Dieu par le cœur, ne peut recourir qu'à la raison pour justifier sa foi aux yeux des autres* » (*op. cit.*, p. 97).

48. Henri GOUHIER, *Les Méditations métaphysiques de Jean-Jacques Rousseau* (Paris, Vrin, 1971), p. 14.

49. Claude LÉVI-STRAUSS, *Tristes tropiques* (Paris, Plon, 1958), p. 423 (cité in *ŒC*,III,1295). Diderot dit d'ailleurs la même chose que Rousseau quand il écrit : « *Il existait un homme naturel : on a introduit au dedans de cet homme un homme artificiel ; et il s'est élevé dans la caverne une guerre continuelle qui dure toute la vie* » (*Supplément au voyage de Bougainville* [*Œuvres philosophiques*, éd. citée], p. 511). Mais il s'agit plutôt d'une simple coïncidence d'expression et le naturalisme matérialiste qui lui inspire cette analyse est bien loin de l'exigence morale de Rousseau : en fait, si la société est à ce dernier l'accomplissement du primitif, expression de la volonté bonne d'un homme bon, pour l'autre elle est brimade des appels de notre nature. C'est Diderot qui rêve des premiers âges — où il pourrait s'abandonner à la fatalité de son corps, mais Rousseau veut se conquérir.

50. L'image, quand il s'agit de décrire le fonctionnement de la société, est constante au XVIIIᵉ siècle, aussi bien chez Rousseau que chez les autres philosophes. Communauté de langage qui devrait contribuer à faire voir que Rousseau, s'il est le seul ou à peu près à aller jusqu'au bout de ses idées, est aussi « normal » et que son œuvre, constituée des signes culturels et nourrie de la problématique intellectuelle caractéristique d'un temps, pour être éminemment originale n'en « correspond » pas moins à ce temps.

51. Cf. : « *Il est certain que les peuples sont à la longue ce que le gouvernement les fait être.* » (*ÉP*,251).

52. Cf. : « *Telle fut, ou dut être l'origine de la Société et des Loix, qui donnèrent de nouvelles entraves au foible et de nouvelles forces au riche, détruisirent sans retour la liberté naturelle, fixèrent pour jamais la Loi de la propriété et de l'inégalité, d'une adroite usurpation firent un droit irrévocable, et pour le profit de quelques ambitieux assujétirent désormais tout le Genre-humain au travail, à la servitude et à la misére.* » (*DO*,178). La seconde lettre à Malesherbes fait explicitement la différence entre la société parfois un peu trop abstraite et théorique du Discours et les mécanismes particuliers à telle ou telle structure politique : « [...] *avec quelle force j'aurois exposé tous les abus de nos institutions, avec quelle simplicité j'aurois demontré que l'homme est bon naturellement et que c'est par ces institutions seules que les hommes deviennent méchans.* » (*ŒC*,I,1135-6) et « *l'ouvrage plus étendu* » dont est extrait le *Contrat* devait s'intituler « *Institutions politiques* » ; car la réflexion morale, jusque et surtout dans l'utopie, est inséparable d'un souci technique : à Venise par exemple, le secrétaire de l'ambassadeur de France avait déjà remarqué « *les défauts de ce Gouvernement si vanté* » (*C*,404).

53. Cf. aussi l'intéressante note 15 ; Rousseau lui-même dit de Genève : « *C'est un pays libre et simple, où l'on trouve des hommes antiques dans les tems modernes* [...]. » (*NH*,60).

54. Écrit-il à un correspondant en 1764.

55. On a fait mille remarques sur les méthodes (policières) que semble vouloir la réalisation pratique de l'ambition morale du *Contrat* ; on a eu raison — mais cette question n'est pas ici de notre propos.

56. Ou encore, selon la formulation technique des *Confessions*, il s'agit de déterminer « *Quelle est la nature de Gouvernement propre à former un Peuple le plus vertueux, le plus éclairé, le plus sage, le meilleur enfin à prendre ce mot dans son plus grand sens* » (*C*,404-5).

57. Cf. : pour Rousseau « *il fallait d'abord créer l'homme nouveau, c'est-à-dire le "citoyen" en qui, précisément, l'individuel et le collectif ne sont plus séparés* » (André Burguière, « La Plus vieille des idées neuves », *Le Nouvel Observateur*, 10 septembre 1973).

58. Cf. cette présentation très juste d'Henri Gouhier : « *L'éducation doit empêcher l'enfant de devenir cet "homme de l'homme" qui tient à une histoire périmée et préparer ce nouvel "homme de l'homme" qui restera dans l'histoire fidèle à la nature. Les premières pages d'Émile accusent fortement ce caractère rédempteur de l'éducation dans une civilisation où l'histoire altère la nature et dans un monde où il ne peut être question d'abolir l'histoire* » (*op. cit.*, p. 34).

59. Cf., à la même page, la note 16. David Williams parle : lui aussi à propos du *Contrat* et de l'*Émile* de « *redemption of modern man* » (*loc. cit.*, p. 139).

TABLE

Le Directeur-Gérant M. J. Minard   Dépôt légal : 4ᵉ Trimestre 1977
Imprimerie Graphi-Technique - Paris